Dirk Engelhardt

111 Orte in Barcelona, die man gesehen haben muss

emons:

Bibliografische Information der Deutschen Bibliothek
Die Deutsche Bibliothek verzeichnet diese Publikation
in der Deutschen Nationalbibliografie; detaillierte bibliografische
Daten sind im Internet über http://dnb.d-nb.de abrufbar.

FSC
www.fsc.org
MIX
Papier aus verantwortungsvollen Quellen
FSC® C010135

Gestaltung: Eva Kraskes, nach einem Konzept
von Lübbeke | Naumann | Thoben
Kartografie: altancicek.design, www.altancicek.de
Wald- und Siedlungsflächen: OpenStreetMap
Druck und Bindung: B.O.S.S Druck und Medien GmbH, Goch
Printed in Germany 2013
ISBN 978-3-95451-063-4
Originalausgabe

Vorwort

Barcelona, das ist für die meisten Besucher das Abfahren folgender Punkte: Sagrada Família, Park Güell, Casa Milà, Montjuïc und Barrio Gótico. Ach ja, die Ramblas, eine eher langweilige Flaniermeile mit Dutzenden von gleichartigen Souvenirshops, gehören seltsamerweise auch zum Pflichtprogramm. Mehr noch als in anderen Metropolen konzentrieren sich in Barcelona die touristischen Besucherströme weitgehend an der Route der roten »Hop-on, hop-off«-Busse.

Dass es in einer Stadt mit 1,5 Millionen Einwohnern auch noch Sehenswürdigkeiten jenseits der Gaudí-Architektur gibt, kommt vielen gar nicht in den Sinn.

Auch dass man, wenn man nach Barcelona fährt, nicht nach Spanien fährt, sondern nach Katalonien, vergisst manch einer. Katalonien ist anders, und Katalanen sind nicht so offenherzig wie die temperamentvollen Andalusier, das sagen Katalanen sogar oft von sich selbst.

Es ist die viel besungene Mischung aus »seny«, der Vernunft, und »rauxa«, dem Chaos, die das Flair in der Metropole am Mittelmeer so einzigartig und unvergesslich macht. Und natürlich elf ziemlich gute Fußballspieler, die ab und zu im Camp Nou ihre Künste vorführen. Doch über sie wurde schon so viel berichtet, dass sie an dieser Stelle ausgelassen werden.

Stattdessen führen die Streifzüge zu kleinen, alten Fachgeschäften in der Altstadt, in denen die Zeit stehen geblieben scheint (manchmal leider auch der Service …). Einige Geheimtipps verstecken sich direkt neben überlaufenen Touristenplätzen, wie ein Pfeifenmuseum in einer Altbauwohnung oder das Kräuterlädchen, das Filmgeschichte schrieb.

Und sogar von Gaudí gibt es Raritäten, die Architekturpilgern nicht bekannt sind. Viel Vergnügen beim Lesen!

Dirk Engelhardt

111 Orte

1__Die Ampeln

Zwei alte Damen bringen Licht ins Dunkel

Wer schon einmal selbst mit dem Auto oder dem Motorrad auf den Straßen von Barcelona unterwegs war, weiß, wovon der Autor dieser Zeilen spricht: Fahrer biegen ab, ohne zu blinken, drängen ab oder halten mitten auf der Straße an, wobei meist noch der Warnblinker eingeschaltet wird. Dieser Anarchie versucht die Verkehrsverwaltung mit dem massenweisen Einsatz von Ampeln Herr zu werden. Ein besonders krasses Beispiel des Ampelwahns von Barcelona findet sich am Paseo Pujades, wo innerhalb von weniger als 100 Metern fünf Ampeln hintereinander stehen. Bei so viel Behinderung des Verkehrsflusses sehen die Autofahrer in Barcelona allerdings rot, im wortwörtlichen Sinne, und reagieren auf ihre Weise: Schon bevor die Ampel auf Grün schaltet, brausen Autos und Roller los, meist in dem Moment, in dem die Fußgängerampel auf Rot schaltet. Fußgänger werden durch Blinken des grünen Ampelmännchens darauf vorbereitet, und dann heißt es, sich zu sputen, wenn man nicht über den Haufen gefahren werden möchte.

Eigentlich ist es ein kleines Wunder, dass in diesem Verkehrschaos die beiden historischen Ampeln aus den 50er Jahren am Calle del Compte d'Urgell überlebt haben. Sie sind silberfarben angestrichen, stehen auf rot-weißen Betonsockeln exakt in der Mitte der Kreuzung und zeigen nach allen vier Richtungen. Da die meisten Straßen im Eixample Einbahnstraßen sind, leuchten die Ampeln nur nach zwei Seiten. Gekrönt werden die antiquarischen Exemplare durch altmodische Laternen, was ihnen ein unverwechselbares nostalgisches Design verleiht. Was nicht heißen soll, dass sie nicht perfekt funktionieren!

Barcelonas erste Ampel wurde übrigens zur Weltausstellung 1929 installiert, sie stand an der Kreuzung Calle de Provenza und Calle de Balmes. Sie wurde noch per Hand von Verkehrswächtern angezündet, und die Lichter wechselten, wenn ein Auto über ein Relais fuhr.

Adresse Calle del Compte d'Urgell / Ecke Calle de Buenos Aires, 08011 Barcelona, Eixample | ÖPNV Metro L 5, Haltestelle Hospital Clinic; Straßenbahn 1, 2 und 3, Haltestelle Plaza de Francesc Macià | Tipp Für Joghurt-Verliebte gibt es gleich um die Ecke eine Joghurt-Bar, Casa Danone, Avenida Diagonal 477.

2 Die automatische Metrolinie

47,8 Kilometer mit leerer Führerkabine

Die Metro in Barcelona, das wird jeder bestätigen, der mit ihr gefahren ist, gehört zu den modernsten Europas. Nun wird sie noch moderner: Zwei neue Linien werden komplett automatisiert, das heißt, Zugführer wird es in diesen Zügen nicht mehr geben. Angeblich soll die Automatisierung die Sicherheit verdoppeln, da menschliche Fehler so ausgeschlossen werden können. An den Gleisen werden Glaswände installiert, deren Türen sich nur öffnen, wenn dahinter ein Zug anhält. Natürlich ist alles von Kameras überwacht, und falls Züge zu voll sind, wird die Taktzahl der Fahrten erhöht.

Da die Führerkabine nicht mehr besetzt ist, werden die Fahrgäste ganz neue Ausblicke haben – nämlich direkt nach vorne in den Tunnel hinein. Geplant sind drei Linien: Die L 2 / L 9 vom Flughafen über den Großmarkt Mercabarna, Eixample, Camp Nou und Plaza Lesseps bis nach Can Zam im Stadtteil Santa Coloma de Gramenet. Die L 10 führt vom Polígon Pratenc über den Industriehafen Zona Franca, Camp Nou, Plaza Lesseps, Sagrera bis nach Gorg in Badalona.

Bis zum Jahr 2015 sollen alle Linien fertiggestellt sein, falls Barcelona bis dahin wegen der Finanzkrise nicht das Geld ausgeht – die Kosten sind beträchtlich: rund 6,5 Milliarden Euro.

Mit einer Länge von 47,8 Kilometern und mit 52 Bahnhöfen wird die L 2 / L 9 die längste automatische Metro Europas sein, für das Jahr 2020 kalkuliert man rund 165 Millionen Fahrgäste pro Jahr.

Wegen der dichten Bebauung Barcelonas sind oberirdische S-Bahn-Linien nicht möglich. Um Platz zu sparen, verlegte man sogar den Hauptbahnhof Sants vor 30 Jahren unter die Erde. In der Diskussion sind aber neue Tram-Linien, zum Beispiel auf der Diagonal. Die verschiedenen Bodenarten der Stadt machen den Bau der neuen Linien zu einer Herausforderung. Es wird die neueste Generation von Tunnelbaggern eingesetzt, der größte hat einen Bohrkopf von 9,4 Metern Durchmesser.

Adresse Fertiggestelltes Teilstück: 08027 Barcelona, Sant Andreu, zu besichtigen in der Metrostation La Sagrera (Linie L 1, L 4, L 5, L 10, L 11) | Tipp Am günstigsten fährt man Metro mit der Zehnerkarte, die zurzeit 9,25 Euro kostet.

3 Die Banc dels Aliments

Nahrungsmittel für die Mittellosen

»Für die Produzenten der Nahrungsmittel ist es billiger, nicht verkaufbare Ware wegzugeben, als sie zu vernichten«, sagt Jordi Peix i Massip, Vice President der Fundació Banc dels Aliments, fast entschuldigend. Und dann landen sie in der Lebensmittelbank und erfüllen einen guten Zweck. Die Lebensmittelbank, eine gemeinnützige Organisation, kämpft gegen den Hunger in der Region und bekämpft gleichzeitig die Verschwendung von Lebensmitteln.

In den vergangenen Jahren, während die Arbeitslosenzahl in Spanien auf ein Rekordhoch emporschnellte, stieg auch die Menge der Lebensmittel, die die Bank an Bedürftige ausgab, an. Im Jahr 2011 wurden mehr als 10.000 Tonnen Lebensmittel an 114.836 Personen verteilt, zum Beispiel an Organisationen wie »Obra Social Maria Luisa de Marilach«.

In den USA landen rund 50 Prozent der Lebensmittel in der Mülltonne, die höchste Ziffer weltweit. In England sollen es zwischen 30 Prozent und 40 Prozent sein, immer noch Dimensionen, die jenseits der Vorstellungskraft liegen. Was Peix nicht erwähnt, ist der Argwohn vieler Menschen aus Barcelona, die den Eindruck haben, die Bank helfe vorrangig Ausländern und lasse die einheimische Bevölkerung im Stich.

Die meisten Lebensmittel, die sich in der riesigen Lagerhalle der Banc dels Aliments in der Nähe des Hafens stapeln, bekommt die Bank direkt von den Erzeugern. Miete für die Lagerhalle muss die Bank nicht bezahlen, dies übernimmt die Generalitat de Catalunya. So stapeln sich in den Hallen Paletten mit Cornflakes, Orangensaft, Toastbrot, Oliven in Dosen, gefüllten Tortellini und Thunfisch.

Natürlich gibt es auch nach wie vor Arme, die direkt in Supermärkten nach Nahrungsmitteln, die entsorgt werden, fragen. In den Markthallen der Stadt haben die Obstverkäufer fast alle ihre »Stammkunden«, oft mittellose Rentner, denen sie das übrig gebliebene Obst und Gemüse am Ende des Markttages aushändigen.

Adresse Calle dels Motors 122, 08040 Barcelona, Zona Franca, Tel. 0034/933464404, www.bancdelsaliments.org | ÖPNV Buslinie 37 und 109, Haltestelle Calle Motors | Öffnungszeiten Mo–Do 8–17.30 Uhr, Fr 8–14 Uhr | Tipp Anonyme Spenden für die Banc dels Aliments kann man in jeder Filiale der La Caixa de Pensions de Barcelona einzahlen, die Kontonummer lautet 21000555310201930933.

4 Der Barbier

Glatt wie Babyhaut, und das mit echten Rasiermessern

Gelernt ist gelernt, und das Rasieren hat Alfredo Blanc eben von der Pike auf gelernt. Er ist einer der wenigen Barbiere in Barcelona. Sein Laden liegt an der Calle Gran de Gràcia, der Hauptstraße des Viertels Gràcia. Mit lauter Jazzmusik versucht er, den Verkehrslärm vor seiner Tür zu übertönen. Die Einrichtung ist einfach, in dunklen Brauntönen gehalten, und die Rasiersessel sind bequem gepolstert. Die klassische Rasur kostet 15 Euro, und sie hat es in sich. Die Gesichtshaut wird mit heißen, feuchten Handtüchern für die Rasur vorbereitet, dann kommt eine erfrischende Lotion aus Minze und Eukalyptus. Der Schaum wird hier noch ordentlich mit dem Rasierpinsel aufgetragen, und dann greift Alfredo ein klassisches, superscharfes Rasiermesser. Die Haare müssten richtig weich sein, erst dann können sie gut abrasiert werden, erklärt er seine Methode. Keine Angst, Alfredo, wie bereits erwähnt, versteht sein Handwerk, und falls es doch mal blutet, kennt er eine Methode, um die Wunde ganz schnell wieder zu schließen.

Nach der Rasur kommen noch mal heiße und danach kalte Frotteetücher zum Einsatz. Dann noch eine entspannende Gesichtsmassage, etwas feiner Puder, y ya está!

Halt, noch nicht ganz. Auch eventuell vorhandenen Nasenhärchen sowie Wildwuchs an den Ohren rückt Alfredo mit speziellen Messern zu Leibe. Jeder Kunde soll den Salon so verlassen, als wäre er gerade auf dem Weg auf die Opernbühne. Dass sich solch männliche Wellness gut anfühlt, ist fast müßig zu erwähnen. Und wenn man bedenkt, dass jeder Mann in seinem Leben rund 3.500 Stunden damit verbringt, sich Barthaare abzurasieren, kann man dies ja guten Gewissens auch mal einen Fachmann tun lassen.

Natürlich werden im Rasiersalon auch Haare geschnitten und Bärte gestutzt. Die Preise liegen bei zehn Euro für einen Bartschnitt und 15 Euro für einen Haarschnitt. Café con leche oder ein Wasser inbegriffen.

Adresse BCN Cuts Barbería, Calle Gran de Gràcia 223, 08012 Barcelona, Gràcia, Tel. 0034/936111813 | **ÖPNV** Metro L 3, Haltestelle Fontana | **Öffnungszeiten** Mo–Sa 10–20 Uhr | **Tipp** Mosaike wie Gaudí zusammenzukleben kann man in der Mosaikwerkstatt Camaleón, Calle del Penedès 10 (www.mosaicocamaleon.com) lernen.

5 Die Bar Bodega Marín

Ein Schwätzchen gibt es kostenlos dazu …

Seit 1916 gibt es die Bodega Marín, und in den letzten 100 Jahren hat sich hier eigentlich nicht viel verändert. Antoni und Tere heißen die Inhaber des Ladens, über den schon in diversen Magazinen berichtet wurde. Vor Antoni und Tere gehörte das Geschäft den Eltern der beiden. Wie früher kann man hier mit seiner leeren Weinflasche vorbeikommen und sie sich direkt aus dem Fass nachfüllen lassen. Wer keine leere Flasche hat, kann bei Antoni auch einen Plastikkanister kaufen. Die Preise sind äußerst bescheiden: Ein Liter »Negro«, also Rotwein, kostet 1,45 Euro, der Weiße genauso viel, einen Liter Moscatel Süßwein bekommt man für 3,80 Euro, einen Liter Malaga ebenfalls.

Die Weine kommen alle aus Spanien, claro, viele auch aus Katalonien. Im vorderen Bereich des Ladens stehen die Flaschenweine, die alle von Tere mit handgeschriebenen Preisen versehen sind. Die meisten bezieht sie aus kleinen Kellereien, es gibt aber auch Freixenet.

Wie wäre es mit einem »Orujo«, einem Brandy aus Galizien mit 50 Prozent Alkohol? Antoni empfiehlt aber eher den »Hierbas« aus Menorca. Sehr beliebt sei auch der Gin »Mahon«, ebenfalls aus Menorca, der sich besonders gut für Gin Tonic eignet.

Die Bodega ist ein typischer Nachbarschaftsladen im Bezirk Gràcia, und weil man gern einen Plausch hält, hat Tere einige Tapas zubereitet. Die Empanadas gibt es mit Füllungen aus Thunfisch, Käse, Spinat und Sobrasada, und damit man sie von außen unterscheiden kann, formt Tere jede Sorte anders und hat einen Spickzettel an die Tapastheke geheftet, an dem man sich orientieren kann. Es gibt hausgemachte Kroketten, aber ebenso Spezialitäten wie Jamon, Fuet, Queso Manchego oder Boquerones en Vinagre (eingelegte Sardellen). Natürlich fehlen auch die allgegenwärtigen Bocadillos nicht, die belegten Brötchen, die eigentlich belegte Baguettes sind, und im Winter eine heiße Caldo, eine Brühe.

Adresse Milà i Fontanals 72, 08012 Barcelona, Gràcia, Tel. 0034/932133079 | **ÖPNV** Metro L 4, Haltestelle Joanic | **Öffnungszeiten** Mo–Fr 9–14 Uhr und 16.30–21 Uhr, Sa 9.30–15 Uhr | **Tipp** Nach dem Aperitivo ins Kino? Im Cine Verdi in Gràcia, Calle Verdi 32, gibt es gute Filme in Originalfassung.

6 Barcelo-nette

Wo sind die hübschesten Mädchen der Stadt zu finden?

Wie man schon in Woody Allens »Vicky Cristina Barcelona« oder im etwas älteren »Auberge Espagnole« sah, ist Barcelona voll von traumhaften, allzeit flirtbereiten jungen Damen. Das sind nicht nur Katalaninnen, sondern Studentinnen und junge Frauen aus aller Welt. Doch Vorsicht! Eine »buena chica« ist nicht das Gleiche wie eine »chica buena« – den kleinen, aber feinen Unterschied lässt man sich am besten von einem Spanier erklären!

Nicht nur die vielen Universitäten, auch das Medienbusiness lockt hübsche Mädchen in die katalanische Metropole. Unzählige Casting-Agenturen können auf ein breites Angebot zurückgreifen. Wenn an der Calle de Verntallat morgens um 10 Uhr auffällig viele attraktive und perfekt gestylte junge Frauen auf der Straße stehen und rauchen, sucht wieder einmal eine Produktionsfirma eine Darstellerin für einen Werbespot.

Wo man die hübschen Dinger ansonsten findet? Eigentlich überall, abends vor allem in der Altstadt, auf den Plätzen im Stadtteil Gràcia oder in Geschäften und Bars im Eixample. Doch wie geht ein Flirt in Barcelona vor sich? Im Grunde nicht viel anders als überall auf der Welt, wobei man beachten sollte, dass die Männer in Barcelona längst nicht so draufgängerisch sind, wie es der Ruf der Südeuropäer ist.

Junge Frauen in Barcelona sind übrigens gerade von schüchternen Männern eingenommen! Hat man also einmal ein Objekt der Begierde in einer Bar sondiert, folgt der Augenkontakt. Dabei ist es nicht schlimm, wenn die Angezwinkerte die Augen niederschlägt oder erst einmal dem Blick ausweicht. Folgt danach ein Lächeln, lässt sich die Dame meist gern auf einen gemeinsamen Drink ein. Manchmal beginnt SIE sogar die Konversation, an Themen mangelt es eigentlich nie. Da der Lärm in Bars und Kneipen oft sehr hoch ist, kommt man sich so – ganz automatisch – näher, weil man dem Gegenüber fast ins Ohr schreien muss. Noch Fragen?

Adresse Sitzbänke an der Rambla Catalunya, Höhe Calle Rosselló | **ÖPNV** Metro L3, L5, L7, Haltestelle Diagonal | **Tipp** Immer gut auf die Mimik des Gegenübers und auf ihre oder seine Hände achten, sie verraten viel von dem, was aus der Begegnung werden kann!

7 Bingo!

Glücksspiel für zwei Euro plus Kaffee und Kuchen

Für die spielbegeisterten Katalanen gibt es fast in jedem Stadtteil eine Bingo-Halle. Obwohl der Einsatz pro Spiel nur zwei Euro beträgt, muss man generell am Eingang seinen Personalausweis vorzeigen, der registriert wird. Dann steht die Tür zur Bingo-Halle offen.

Die Säle sind in einer Art plüschigem Las-Vegas-Stil gestaltet, die Ansagerin (es ist immer eine Frau) thront auf einer Tribüne neben der Bingo-Bällchen-Maschine.

An den Tischen, in die ein Bildschirm eingelassen ist, auf dem die Ziehung übertragen wird, sitzen meist Senioren, die sich hier ihre Zeit vertreiben. Gespielt wird das 90-Ball-Game, das heißt, dass sich auf jeder Bingo-Karte drei horizontale und neun vertikale Spalten befinden.

Vor jedem Spiel laufen uniformierte Hostessen durch den Saal und verkaufen die Bingo-Scheine. Bei Spielbeginn verstummt das Gemurmel im Saal auf einen Schlag, und alle lauschen der Ansagerin, die mit einer gelangweilten Stimme die Zahlen vorliest. Ideale Übung zum Zahlenlernen auf Spanisch, denn in Barcelonas Bingo-Hallen hat sich der catalanisme noch nicht durchsetzen können: Alle Zahlen werden auf Spanisch angesagt. Schnelligkeit ist Trumpf! Wer auf seinem Bingo-Schein eine Linie mit Zahlen voll hat, ruft »Linea« und erhält einen kleinen Gewinn. Wer alle Zahlen markieren konnte, ruft »Bingo!« und erhält von der Hostess einen Wanderpokal und den Bingo-Gewinn, der schon mal 200 oder 300 Euro betragen kann.

Um Spieler in die Bingo-Hallen zu locken, offerieren die Säle spektakulär günstige Mini-Mahlzeiten oder Kuchengedecke, die man übrigens auch verspeisen kann, ohne ein einziges Spiel zu machen.

Ab und zu gibt es Tombolas, bei denen man Haushaltsgeräte oder Fresskörbe gewinnen kann.

Adresse Bingo Gran Via, Gran Via Corts Catalanes 642, 08007 Barcelona, Eixample, Tel. 0034/933011449 | ÖPNV Metro L 2, L 3 und L 4, Haltestelle Paseo de Gràcia | Tipp Wer lieber richtig gewinnen will, sollte ein Los der berühmten Weihnachtslotterie kaufen (200 Euro), dabei werden insgesamt mehr als 2,5 Milliarden Euro ausgeschüttet.

8 Die Bombe in der Hauswand

Überraschung in einem fast dörflichen Stadtteil

Die Calle Gran de Sant Andreu ist die Haupteinkaufsstraße des ehemaligen Dörfchens Sant Andreu. Vor 100 Jahren lag Sant Andreu noch außerhalb Barcelonas, heute ist es Teil der Metropole. Den dörflichen Charakter hat es sich jedoch bewahrt. Zurzeit beschäftigt die Einwohner nichts mehr als die Neumodellierung des »Stadtkerns«: Die Stadtväter wollen, um Platz für Grünflächen zu schaffen, einige Straßenzüge mit alten Häusern abreißen. Doch die Bewohner von Sant Andreu sind standhaft, an jedem dritten Haus hängen Plakate mit der Aufschrift »Salvem el Casc Antic de Sant Andreu« (Rettet den alten Dorfkern von Sant Andreu). Man ist stolz auf den eigenständigen Stadtteil, der mit seinen von Orangenbäumchen gesäumten Straßen und niedrigen modernistischen Wohnhäusern noch immer die Idylle eines längst vergessenen Kataloniens ausstrahlt. Die Siesta zwischen 14 und 17 Uhr wird hier strenger als anderswo beachtet, fast alle Geschäfte sind während dieser Zeit geschlossen.

In dem Haus an der Ecke Calle Sòcrates / Calle Gran de Sant Andreu findet sich im ersten Stock eine Reminiszenz an den Aufstand vom 22. September 1842, als General Prim gegen die seiner Meinung nach zu liberale Regierung und gegen die Wehrpflicht protestierte: In der Wand steckt eine Bombe! Sie ist nur eine von vielen, die an jenem Tag auf Barcelona niederregneten. Das Bombardement wurde von Oberst Joaquín Baldomero Fernández-Espartero angeordnet. Er ließ die meisten Kanonen am Montjuïc positionieren, wo sie heute noch zu sehen sind. Allerdings ist es eher unwahrscheinlich, dass wirklich eine Bombe vom Montjuïc die zehn Kilometer bis nach Sant Andreu flog. Auf jeden Fall erschütterte die Bombe das Wohnhaus in seinen Fundamenten. Als es einige Jahre später im Stil des Art Nouveau komplett renoviert wurde, fanden die Handwerker bei ihren Arbeiten die Bombe und befestigten sie an der Ecke des Hauses.

Adresse Calle Sòcrates / Calle Gran de Sant Andreu, 08030 Barcelona, Sant Andreu | ÖPNV Metro L 1, Haltestelle Sant Andreu | Tipp An der Calle de Grau, am anderen Ende der Calle Gran de Sant Andreu, finden sich einige kleine Häuschen mit Gärtchen. Im Gärtchen der Hausnummer 41 ist eine illustre Miniatur zu sehen, die einige Plätze von Barcelona im naiven Stil nachbildet.

9 Der Bus del Barri

Eine Alternative für Sparfüchse

Als »Hop on, but do not hop off!«-Bus könnte man ihn bezeichnen, oder auch als Sparvariante der großen Stadtrundfahrt, wie sie zwei Busunternehmen von der Plaza Catalunya aus anbieten. Während dort ein Ticket für einen Tag, das zu beliebig vielen Fahrten auf drei Routen berechtigt, rund 25 Euro kostet, zahlt man für den »Bus del Barri« der Linie 120 ganze 92,5 Cent – sofern man eine Zehnerkarte kauft, die zurzeit 9,25 Euro kostet. Die zehn Fahrten können mit der Metro, dem Bus oder der Straßenbahn innerhalb von Barcelona unternommen werden.

Der »Bus del Barri« ist eine Kleinversion des normalen Straßenbusses, er hat nur neun Sitzplätze. Meist sind jedoch nicht einmal diese belegt, da die Linienführung augenscheinlich nicht viele Fahrgäste anspricht, außerdem fährt der Bus nicht gerade häufig. Durch seine Größe kann er jedoch durch Gässchen fahren, die für die »Hop-on, hop-off«-Busse zu schmal sind.

Nach dem Start an der Markthalle Sant Antoni geht es zuerst durch den Raval, und man kann direkt in die vielen kleinen Läden, muslimische Metzgereien und afrikanische Friseursalons, blicken. Nach der Rambla del Raval fährt der Bus in Richtung Kolumbus-Statue und von dort am Port Vell entlang bis zum Pla del Palau, wo er eine Schleife dreht. Durch die belebte Via Laietana führt die Route hinauf bis zur Kathedrale, und dann zwängt sich das Büsslein (oder heißt es »Büsschen«?) in die Sant Pere Més Baix, eine wirklich enge Gasse. Kurz vor dem Arc de Triomf biegt der Bus in die Calle Commerç ein, vorbei am Schokoladenmuseum.

Statt Erklärungen via Kopfhörer kann man auf der Strecke Mitfahrer und Busfahrer kennenlernen.

Es kann schon passieren, dass fotografierende Passagiere vom Busfahrer auf Katalan angeraunzt werden, dass »Fotos nicht erlaubt« seien, was übrigens Quatsch ist. Als Schnupperfahrt durch die Altstadt ist die Linie auf jeden Fall einen Versuch wert.

Adresse Anfangshaltestelle: Calle Manso, neben der Markthalle Sant Antoni, 08015 Barcelona, Sant Antoni | Öffnungszeiten Fahrzeiten: Mo – Sa 7 – 21 Uhr einmal pro Stunde, www.tmb.cat | Tipp Deutschsprachige Führungen durch die Altstadt (Barrio Gótico und Raval) sowie Ausflüge nach Katalonien bietet die Agentur Paseo Barcelona an (www.paseo-barcelona.com).

10 Das Cabaret Berlin

Nachtleben, wie es Einheimische mögen

Bevor das Cabaret Berlin in diese Räume zog, war die Bar ein großer Tabledance-Schuppen, der des Öfteren von den Behörden geschlossen wurde. Die entsprechende Möblierung beließen die neuen Mieter praktischerweise.

Die lange Bar, die sich durch die Mitte des ganzen Raumes zieht, gleicht einem hohen Laufsteg, der an der Decke auch noch eine Reling hat, die jetzt als Gardinenstange dient. An den Seiten: mehrere kuschelige, intime Sofaecken, Metallstangen für den Poledance und viel roter Samt.

Freitags und samstags fängt gegen halb zwölf eine Kabarett-Show an, in der ein Transvestit verschiedene Nummern präsentiert. Zwar wird auch mal ein Song von Marlene Dietrich gecovert, ansonsten hat die Show aber wenig mit dem Cabaret aus Berlin zu tun. In typischer Tunten-Manier führt die Ansagerin mit sexuell anzüglichen Anspielungen, die allerdings nur für Fortgeschrittene Spanisch-Schüler verständlich sind, durch das Programm. Katalan ist hier, wohl wegen des Publikums, tabu. Die Ausstattung des Clubs mit den vielen Stangen nutzen die jetzigen Darsteller, um Striptease anzudeuten oder zu parodieren, was ihnen sichtlich Spaß macht.

Interessanter als das Bühnenprogramm ist oft das Publikum: Im Cabaret Berlin versammeln sich die Nachteulen aus Barcelona. Von kichernden Nachwuchsmodels, die mit ihren Freundinnen kommen, über den dickbäuchigen Katalanen, der mit dem Bier in der Hand tanzt, bis zu den angestrengt gut aussehenden Schwulen mit aufgeknöpftem Hemd, die nach zwei Uhr auf Brautschau gehen, ist alles vertreten. Im Gegensatz zu beliebten Clubs wie »La Terrazza« oder »Catwalk« an der Barceloneta ist im Cabaret Berlin der Altersdurchschnitt deutlich über dem Teenie-Alter.

Achtung allerdings mit der Tür: FC-Barcelona-T-Shirts oder Ähnliches haben zur Folge, dass sie nicht geöffnet wird, im Ernstfall wird eher eingelassen, wer dezent gekleidet ist.

Adresse Bailén 22, 08010 Barcelona, Eixample, Tel. 0034/934815191, www.carlitosgroup.com | ÖPNV Metro L 2, Haltestelle Tetuan | Öffnungszeiten Do–Sa 21–5.30 Uhr | Tipp Wem das Cabaret Berlin zu schräg ist, sollte es mit dem Marula Café in der Calle Escudellers 49, versuchen, einem kleinen, aber feinen Club mit einheimischem Publikum.

11 Die Calle de Sants

Die längste Einkaufsstraße Europas

Von fast allen Reiseführern wird Barcelona als »Shopping-Metropole« gepriesen. Dies macht sich das Stadt-Marketing zunutze und wirbt damit. Tatsächlich gibt es in Barcelona Läden für jeden Geschmack: Galerien, witzige Fachgeschäfte und kleine Boutiquen von Modedesignern in Gràcia, edle Retro-Läden im Born, teure Markenläden an der Rambla de Catalunya und Spezialitätengeschäfte jeder Art im Eixample. Barcelona wartet mit 35.000 Geschäften auf! Und, was noch schöner ist, die meisten davon sind kleine, inhabergeführte Fachgeschäfte mit guter Beratung – falls man des Katalan mächtig ist. Außer dem Corte Inglés gibt es keine nennenswerten Kaufhäuser, nicht einmal Baumärkte. Wie in früheren Zeiten kann man in Metallwarenläden noch jede Schraube und jeden Dübel einzeln kaufen.

Als »Haupteinkaufsachse« wird vom Tourismusamt gern die rund fünf Kilometer lange Zeile von den Ramblas über die Rambla de Catalunya bis zur Diagonal bezeichnet. Die schnurgerade Calle de Sants, die zwischen der Plaza de España und der Metrostation Hostafrancs Calle de la Creu Coberta heißt, hat auf einer Länge von über vier Kilometern rund 500 Geschäfte. Fast alle sind Einzelhandelsgeschäfte, vom Schuhgeschäft über die Drogerie bis zur Tierhandlung, in denen zumeist Einheimische einkaufen.

Eine Kostprobe: Hausnummer 48 teilen sich Don Colchon, ein Matratzengeschäft, und die Casa de Tapas. Im Haus mit der Nummer 50 bekommt man im Sano Juice frisch gepresste Säfte, und eine Tür weiter können im Ander's Kinderschuhe und im »Frankfurt Creu Coberta« Würstchen erstanden werden. Hausnummer 54 beherbergt die Banca Caixa Geral und Hausnummer 56 die Joieria River/Compro Or, einen Juwelier. Gleich nebenan kann man im Cerveceria Rosat's seinen Bierdurst stillen. Auffällig ist der geringe Ladenleerstand – anscheinend halten sich die meisten Geschäfte noch über Wasser.

Adresse Calle de Sants, Calle de la Creu Coberta, 08014 Barcelona, Sants | **ÖPNV** Metro L 1, L 3, Haltestelle Plaza de España, L 1, Haltestelle Hostafrancs oder L 1, L 5, Haltestelle Plaza de Sants | **Tipp** Den besten Cappuccino nach dem Einkaufsbummel gibt es bei »El Illy de Sants«, Calle de Creu Coberta 126.

12 Die Calle Mühlberg

Bergbesteigung via Rolltreppe

Der auf den ersten Blick beschauliche Name dieser Straße hat einen geschichtlichen Hintergrund, der mit dem Deutsch-Spanischen Krieg verbunden ist. Im Jahr 1547, genau am 24. April, besiegte das Heer Kaiser Karls V. die Truppen des Schmalkaldischen Bundes auf dem Mühlberg bei Meißen. Seit 1516 war Carlos V. König von Spanien. Der Schmalkaldische Bund hatte nur 17.000 Fußsoldaten und 10.000 Reiter. Der Führer der Protestanten, Kurfürst Johann Friedrich von Sachsen, geriet dabei in Gefangenschaft, und der Schmalkaldische Krieg war für den Kaiser gewonnen.

Kaum einer der Abertausenden von Touristen, die sich durch den von Gaudí angelegten Park Güell drängeln, läuft die serpentinenartige Straße weiter hoch zum Hügel Carmel. Dabei ist die Aussicht hier noch besser, und man ist meist allein.

Oberhalb der Calle Mühlberg ziehen die Reste mehrerer klobiger Bunker den Blick auf sich. Als 1937 der Bürgerkrieg begann, war Barcelona die erste spanische Stadt, die aus der Luft bombardiert wurde. Um solche Attacken abzuwehren, bauten die Katalanen diese Bunker. Nach dem Bürgerkrieg dienten sie als Baumaterialdepot für die Hütten, die Immigranten bis in die 70er Jahre hinein hier errichteten. Sie hatten weder fließend Wasser noch Strom, und die Treppen vor den Hütteneingängen waren wegen der Hanglage meist sehr steil.

Heute wartet das Viertel auf seine Umgestaltung. Unterhalb des Park Güell ist bereits einiges geschehen – hier gibt es für Fußgänger, denen die Bürgersteige zu steil sind – Rolltreppen! Zeitweilig waren sie bei der Baubehörde Barcelonas sogar so beliebt, dass es inzwischen insgesamt mehr als 80 Stück von ihnen in den bisweilen steil ansteigenden Gässchen der Stadt gibt, besonders in den bergigen Bezirken Montjuïc, Carmel, Horta und Sarrià. Ihr Unterhalt – die Treppen sind Tag und Nacht auf Stand-by geschaltet – kostet die Stadt mehrere Millionen Euro.

Adresse 08024 Barcelona, Carmel | **ÖPNV** Bus 24 ab Plaza Catalunya, Haltestelle 1448 Carretera de Carmel/Mühlberg | **Tipp** Wenn man die Straße, eine Sackgasse, weiterläuft, kommt man in den Park del Guinardó. Ein Spazierweg mit Panoramablick schlängelt sich rund um den Hügel. Am Ende wartet das »Art Blau«, eine alternative Open-Air-Lounge im Gaudí-Lookalike-Stil mit Swimmingpool und Liegen, Drinks und Tapas (www.artblaubarcelona.cat).

13 Die Capella de Sant Cristòfol

Autosegnung im Namen eines heiligen Riesen

Sie dürfte wohl die kleinste Kirche Barcelonas sein, die Kapelle des heiligen Christophorus. Fast übersieht man sie, wenn man die Gasse Regomir hinunter zum alten Hafen schlendert – sie ist nicht mehr als eine Öffnung in einer Hauswand. Innen gibt es acht Gebetsbänke mit Platz für 16 Personen. Für Laien hier die Kurzversion der Christophorus-Legende: Christophorus war ein Riese und flößte den Menschen Angst ein. Anstelle eines Fährmanns trug er Reisende über einen Fluss. Eines Tages trug er ein Kind, das immer schwerer wurde. Christophorus sagte: »Es ist, als trüge ich die Last der ganzen Welt!« Und das Kind antwortete: »So ist es. Ich bin Jesus, und wie du weißt, trage ich die Last der ganzen Welt.«

Einmal im Jahr, am 10. Juli, findet vor der Kapelle die Autosegnung statt. Der Gemeindepfarrer hat einen Eimer mit Weihwasser und eine Kelle, mit der er die vorbeifahrenden Autos im Zeichen des Kreuzes segnet. Eine Helferin teilt danach rosa Rosen und Lavendelzweige an die Fahrer aus, die dafür einen Obolus in das Säcklein werfen. Auch Kerzen, Christophorusanhänger und Gebetszettel werden an diesem Tag verkauft. Die Vereinigung »Mutual de Conductors« nimmt den Tag zum Anlass, Oldtimer segnen zu lassen, die dann in einem Korso durch die Stadt fahren.

In Deutschland wird Sankt Christophorus am 25. Juli gefeiert. Dass es in Katalonien ein anderer Tag ist, erklärt sich aus folgender Geschichte: Im Jahr 1906 erzählte ein gewisser Cristòfol Sarrias, ein Apotheker aus der Calle Regomir, seinem Freund Carles Bonet von dem französischen Brauch der Autosegnung am Sankt Christophorus Tag. Sie einigten sich darauf, ihn in ihrer Heimat auf den 10. Juli, den Tag, an dem in Katalonien traditionell die Badesaison begann, zu legen – schließlich ist der heilige Christophorus einer der Nothelfer und rettet die Menschen vor dem Tod durch Ertrinken.

Adresse Capella de Sant Cristòfol de Regomir, Calle Regomir 5, 08002 Barcelona, Barrio Gótico | **ÖPNV** Metro L 4, Haltestelle Jaume I | **Öffnungszeiten** unregelmäßig, die Kapelle selbst ist fast nie geöffnet, meist ist ein Gittertor davor, sodass man hineinschauen kann | **Tipp** Gleich um die Ecke befindet sich eines der besten Käsegeschäfte Barcelonas. In der Formatgeria La Seu (http://formatgerialaseu.com) in der Calle de la Dagueria 16 gibt es beste Rohmilchkäse von kleinen Käsereien aus ganz Spanien.

14 Carillón

Glockenklänge aus dem Versteck

Nur von einer ganz bestimmten Ecke aus, nämlich von dort, wo die Taxis auf der Plaza Sant Jaume stehen, kann man den Turm des Carillóns sehen. Das Carillón ist eine Art Glockenspiel, das ähnlich wie eine Orgel mit Händen und Füßen gespielt wird.

Das Türmchen mit den 49 Glocken, die teilweise sichtbar sind, steht auf dem Amtssitz der Generalitat, der Landesregierung von Katalonien. Darunter, im Dachgeschoss, liegt das Musikzimmer von Anna Maria Reverté i Casas, der beamteten Carillónspielerin. Jedes Glöckchen hat ein Hämmerchen, das mit einem Drahtseil mechanisch in Bewegung gesetzt wird. Jede »Taste« setzt dabei eines der Seile in Bewegung, die den Glockenklang erzeugen. Da die Glocken keine Dämpfung haben, klingen die tiefen Glocken sehr lange nach, was dem Spieler einige Kunstfertigkeit abverlangt. Ursprünglich kommt das Carillón aus Belgien, den Niederlanden und Nordfrankreich. Das erste Exemplar wurde 1652 von Pieter und Francois Hemony gegossen.

Ein Jahr nach dem Ende der Franco-Diktatur, im Jahr 1976, erhielt die Generalitat das Carillón del Palau, das in Holland gefertigt wurde. Der Turm wurde in offener Bauweise gestaltet, ähnlich wie der Glockenturm der Kathedrale nicht weit entfernt.

Von Montag bis Freitag um 12 Uhr und um 18 Uhr erklingt ein kleines Konzert – das können traditionelle katalanische Lieder sein, aber auch Songs der Beatles, der Bee Gees oder von U2.

Einmal im Monat lädt die Generalitat zum Carillón-Konzert in den Patio de los Naranjos, in den Orangenbaumhof. Dann werden 200 Stühle aufgestellt, der Eintritt ist frei. Unterschiedliche Komponisten sind zu hören: Von Haydn, Schubert und Rubinstein über Chopin bis zu John Lennon, Irving Berlin und Edith Piaf reicht die Palette der Stücke. Jährlich Mitte Juli findet ein internationales Carillón-Festival statt, bei dem Carillónisten aus der ganzen Welt spielen.

Adresse Carillón del Palau, Plaza Sant Jaume 4, 08002 Barcelona, Barrio Gótico, Tel. 0034/934024818, www.gencat.cat/presidencia/carillo | ÖPNV Metro L 4, Haltestelle Jaume I | Tipp Gleich um die Ecke befinden sich die Reste des ersten römischen Tempels von Barcelona, der um 200 vor Christus datiert wird. Der Eingang des Augustus-Tempels liegt etwas versteckt im Gässchen Calle Paradís.

15 Carme Trias

Modedesign made in Katalonien

Gerade im alternativen Stadtteil Gràcia wimmelt es nur so von Modegeschäften. Einige davon werden von Modedesignerinnen geführt, die ihre eigenen Kollektionen verkaufen. Carme Trias ist eine von ihnen, und viele Passanten bleiben stehen, wenn sie ihr berühmtes »Atlantenkleid« im Schaufenster sehen. Das knielange Kleid ist mit Globuskarten bedruckt, die allerdings leicht verfremdet sind – auf Brusthöhe liegt Europa, über dem Bauchnabel Australien und darunter noch einmal Europa. Das tut dem Verkaufserfolg allerdings keinen Abbruch, im Gegenteil.

Carme Trias ist in Katalonien geboren und »zwischen Nadel und Faden« aufgewachsen, wie sie sagt. Mode zu designen war für sie als Kind ein Spiel, und diese spielerische Leichtigkeit hat sie sich bis heute bewahrt. Im Laufe der Jahre hat sie ihre eigene Formensprache gefunden und einen eigenen Stil.

Im Laden gibt es sowohl Brautmoden als auch lässige Kleider, nach Preisen sortiert. Diese sind, für Einzelanfertigungen einer Modedesignerin, erstaunlich moderat. Kaum ein Modell kostet mehr als 100 Euro. Eine Spezialität von Carme Trias sind knielange, armfreie Kleidchen im Pick-up Stil.

Der Krise zum Trotz laufen die Geschäfte immer noch gut. »Die Leute haben die billigen Sachen aus China satt, sie schätzen wieder die Qualität und den guten Geschmack, den wir bieten«, sagt Carmen Trias. Sie trägt ihre eigenen Sachen auf der Straße und wird oft darauf angesprochen, wo diese Teile denn zu kaufen seien. »Meine Sachen lassen die Frauen nicht kalt, und zudem sind es Teile, die man jahrelang tragen kann.«

Ausländerinnen seien ihre besten Kundinnen, verrät die Designerin. Viele kämen extra nach Gràcia, um nach Vintage-Sachen zu suchen. Auf die Preise angesprochen, entgegnet sie, dass sie im gleichen Laden näht und verkauft und so Zwischenhändler spart – der Preisvorteil wird an die Kundinnen weitergereicht.

Adresse Calle Astúrias 34, 08012 Barcelona, Gràcia, Tel. 0034/932380786, www.modart.es | ÖPNV Metro L3, Haltestelle Fontana | Öffnungszeiten Mo–Sa 11–14 Uhr und 18–21 Uhr | Tipp Kissen, Sonnenbrillen, Kleidung und Accessoires von Designern aus Barcelona gibt es im Studiostore in der Calle Comerç 17 (www.studiostore.es).

16 Das Cartel d'Epoca

Plakate mit Historie

Wie eine Figur aus einem Roman von Carlos Ruiz Zafón sitzt Ignasi Solé i Sugranyes hinter seinem Schreibtisch, umgeben von Blumentöpfen, Zetteln und verstaubten alten Büchern. Der hohe Laden, der stilgemäß von Neonröhren beleuchtet wird, befindet sich in einem Haus aus dem 17. Jahrhundert. Wer hier eine Konversation auf Spanisch anfangen möchte, wird erst einmal wortreich belehrt, dass Solé Katalan spricht und seine Spanischkenntnisse angeblich nur rudimentär seien. Er sei eben ein »echter« Katalane. Nach diesen weitschweifigen Erklärungen kann man sich dann aber doch noch ganz gut in der Fremdsprache Spanisch unterhalten. Solé erklärt gern, was es mit der Geschichte der historischen Plakate in Katalonien auf sich hat. In seinem Laden, den er vor 25 Jahren eröffnete, finden sich immerhin rund 2.000 Stück, darunter Originale von Dalí, Miró und Tàpies. Auch Stierkampfplakate aus den Zeiten, in denen Stierkampf noch erlaubt war, fehlen nicht. Angefangen hat die Plakatkunst in Katalonien im Art Nouveau in den 20er Jahren. Der berühmteste Vertreter war Ramon Casas i Carbó. 1936, mit Beginn des Spanischen Bürgerkrieges, setzte eine Explosion der Kreativität ein, viele Werke wurden jedoch im Laufe der Kriegsjahre vernichtet.

Die folgende Zeit nennt Solé eine »graue Epoche«, dies wäre die übelste Zeit im Franquismo gewesen. Erst Ende der 50er Jahre erlebte die Kunst mit den Vanguardisten Tàpies, Miró und Dalí eine Renaissance. Die spanische Wirtschaft begann, sich der Welt zu öffnen, und Miró gestaltete 1974 das Plakat für den FC Barcelona, das auch im Laden hängt.

Ein in Deutschland berühmter Käufer von historischen Plakaten ist übrigens der Schauspieler Daniel Brühl, der seine Kneipe »Raval« in Berlin-Kreuzberg mit Werken aus dem Geschäft in Barcelona tapezierte. Señor Solé hat auch ein deutschsprachiges Plakat aus dem Jahr 1920 in seiner Fundgrube: »Besucht Barcelona, die Weltstadt am Mittelmeer«, ist darauf zu lesen. Preis: 1.200 Euro.

Adresse Espacio del Cartel d'Epoca, Calle Assaonadors 10, 08003 Barcelona, Born, Tel. 0034/932681320, www.llibresipapersantics.com | **ÖPNV** Metro L 4, Haltestelle Jaume I | **Öffnungszeiten** Mo–Fr 16–19 Uhr | **Tipp** Alte Zeitungen gibt es im Laden »En la prensa de aquel día …«, Calle Joaquin Costa 44 (www.periodicosregalo.com).

17 Die Casa Asia

Asiatische Kultur im modernistischen Stadtpalais

Was das Goethe-Institut für die deutsche Kultur ist, ist die Casa Asia für die asiatische Kultur. Für das Büro in Barcelona hat man sich mit dem Palacio Baró de Quadras einen extravaganten Stadtpalast ausgesucht. Entworfen hat das Haus, das 1904 gebaut wurde, der Architekt Josep Puig i Cadafalch. Die rückwärtige Fassade ist an den Seiten mit floralen Mustern geschmückt, in der Mitte dominiert der Wiener Sezessionsstil. Sehenswert ist die schmiedeeiserne Eingangstür, entworfen von Manuel Ballarín. Auf der Vorderseite des Gebäudes an der Avenida Diagonal, zwischen zwei Fenstern, kann man eine Statue des heiligen Jordi (Georg) sehen, der mit dem Drachen von Eusebi Arnau kämpft.

Auch von innen ist dieses Haus mit den Säulenhallen, dem reich verzierten Treppenhaus und den Holzintarsiendecken sehenswert. Seit zehn Jahren residiert die Casa Asia hier. Vor allem im kulturellen Bereich will man den Katalanen Asien näherbringen, zum Beispiel mit Ausstellungen wie »Der soziale Diskurs im neuen experimentellen Kino in China«, »Frauen: Die Kraft des Wechsels in Indien« oder »Dear Curator, curate me«.

Im dritten Stock befindet sich eine gut bestückte Mediathek mit Büchern (12.000), DVDs und CDs (6.000) aus Asien, die Ausleihe ist für Ortsansässige kostenfrei. Außerdem lockt ein großes Angebot an Kursen zu ganz verschiedenen Themen: von der traditionellen chinesischen Medizin über chinesische Malerei, Tantra, Einführung in den Hinduismus, Sprachkurse für Japanisch, Ikebana, japanische Kalligraphie und japanische Teezeremonie bis zum Kimono-Workshop.

Die Casa Asia kollaboriert mit dem Barcelona Asian Film Festival, dem Video Art Festival Loop und fördert den Ost-West-Dialog innerhalb des Universalen Forums der Kulturen.

Daneben hat die Casa Asia eine Funktion als Jobbörse für alle Berufe, die mit Asien zu tun haben.

Adresse Avenida Diagonal 373, 08008 Barcelona, Eixample, Tel. 0034/933680836, www.casaasia.es | **ÖPNV** Metro L3, L5, L7, Haltestelle Diagonal | **Öffnungszeiten** Di–Sa 10–20 Uhr, So 10–14 Uhr | **Tipp** Ein kleines, aber feines japanisches »Pizza«-Restaurant namens Rio gibt es ganz in der Nähe, Calle Minerva 6 – Okonomiyaki bestellen!

18 Die Casa dels Entremesos

Ein Platz der traditionellen Volkskultur

Giganten, Drachen, Falken, Krippenszenen, Sardana-Tänzer: Im Haus der Entremesos ist all das ausgestellt, was Katalanen in ihrer Kultur an Brauchtum haben.

Vor allem die »gegants« und die »capgrossos«, die Giganten und die Großköpfigen, die hier ausgestellt sind, ziehen die Blicke auf sich. Es sind Riesenfiguren mit Köpfen aus Pappmaschee, die Kleider sind originalgetreu geschneidert. Die Arme haben meist keine Versteifung, sodass sie, wenn der Träger der Puppe sich dreht, wild herumschwingen. Fast jedes katalanische Dorf hat wenigstens zwei Giganten, meist einen Mann und eine Frau. Sie stellen Archetypen des Dorfes oder Stadtteils dar, zum Beispiel ein Bauern- oder Adelspaar.

In der Casa dels Entremesos sind »El Roc« – mit Krone – und »La Laieta« die repräsentativsten Figuren, hergestellt im Jahr 1906. Für das Tragen der Riesenfiguren braucht es übrigens nicht viel Kraft, sagen Kenner – das Gleichgewicht halten sei entscheidend.

Wer gern mit dem Feuer spielt, kann sich hier über das »Corre Foc« informieren, die Nacht der Feuerläufer. An bestimmten Feiertagen, zum Beispiel an der Revetlla Sant Joan Ende Juni, laufen »Feuerteufel« mit ihren funkensprühenden Rädern wild tanzend durch die Gassen. In der Casa dels Entremesos werden diese »Diables del Barri Gótic« koordiniert.

In den Zügen der gegants spielen Musiker die »gralla«, eine katalanische Oboe, und das Schlagzeug. Auch hierfür vermittelt das Casa dels Entremesos Interessierten Übungsmöglichkeiten im Verein.

Das wichtigste Fest im Barrio Gótico ist die Diada de Sant Roc im August an der Plaza Nova. Weitere wichtige Feste – daran mangelt es in Barcelona keinesfalls – sind die Festa de Santa Eulàlia, Corpus Cristi, Cucanya, die Porró-llarg, die Festa del gos (Fest des Hundes!), die Seguici de Sant Roc, die Goigs und die Banderes.

Adresse Plaza de les Beates 2, 08003 Barcelona, Sant Pere, Tel. 0034/932683531, www.lacasadelsentremesos.cat | **ÖPNV** Metro L4, Haltestelle Jaume I | **Öffnungszeiten** Di–Sa 10–13 Uhr und 16–19 Uhr, So 11–14 Uhr | **Tipp** Ganz in der Nähe gibt es einen Laden für katalanische Spezialitäten, der auch Olivenölproben und Wermut-Proben veranstaltet: Olimar, Sant Pere Més Alt 24.

19 Casanovas Galerie

Hommage a Dalí

»Hommage a Dalí – Eintritt frei!«, steht auf großen Plakaten am Balkon eines Hauses am unteren Ende der Ramblas. Die Wohnung im zweiten Stock des Altbaus fungiert für Maler Quimet Sabaté Casanova als Atelier, Galerie und Verkaufsraum. Sabatés Karriere startete nach einer angeblich fulminanten Ausstellung im Jahr 1960 in Orfeó Català in Mexico City. »Ich habe die Preise gesenkt, die Leute haben ja kein Geld mehr«, sagt der 76-Jährige gleich zur Begrüßung und deutet auf einen Stapel mit romantisch-naiven Werken, die Blumentempel, springende Delfine und süße Hündchen zeigen.

30 Euro kostet ein Bild, »allerdings verwende ich dafür keine echte Leinwand, sondern Papier«, sagt der Künstler. Die überwiegende Mehrheit stellen, das fällt jedem Besucher sofort auf, Bilder nackter Mädchen. Sabaté: »Meine Muse heißt Laura, und wenn Sie genau hinschauen, werden Sie sie öfters erkennen.« Jeder ordentliche Künstler brauche schließlich eine Muse, auch Dalí hatte eine. Neben seiner Ehefrau Gala habe er sich von Amanda Lear inspirieren lassen, wie Sabaté quasi als Rechtfertigung einwirft.

Seine Muse, eine hübsche, vollbusige Blondine, käme aus Berlin. Aber mit Musen sei es ja so ähnlich wie mit Profi-Fußballern, sie hätten nur eine kurze Halbwertszeit, plaudert Sabaté munter weiter. Und da die kokette Berlinerin nun schon Anfang 30 sei, wäre ihre Zeit als Nacktmodell wohl bald abgelaufen.

Die weibliche Schönheit hat es Sabaté angetan. Wenn er eine wohlproportionierte Dame auf der Straße sähe, würde er sie sich einen Moment später nackt vorstellen, entfährt es ihm.

Dalí kannte er übrigens persönlich. Er sei »ein wahrer Künstler« gewesen, erinnert er sich. Manchmal habe er sich für ihn geschämt. Man müsse jedoch anerkennen, dass Dalí – mit Hilfe seiner Frau – als Maler das moderne Marketing eingeführt habe. Wenn Kunden kamen, setzte Dalí sein »zweites Gesicht« auf, verstellte seine Stimme zu einer Art Bellen, sodass ihn kaum jemand verstand.

Adresse Quimet Sabaté, Plaza Portal de la Pau 4, Principal 1a, 08002 Barcelona, Barrio Gótico, Tel. 0034/676054932, www.quimet-sabate.com | **ÖPNV** Metro L 3, Haltestelle Liceu | **Öffnungszeiten** Mo–Sa 10–14 Uhr und 17–21 Uhr | **Tipp** In der kleinen Passage hinter der Galerie gibt es ein altes, düsteres Café, das wie ein Märchenwald gestaltet ist, mit plätschernden Brunnen, Tropfsteinhöhlen und phantastischen Figuren (El Bosc de les Fades, gegenüber dem Wachsfigurenmuseum).

20 Die Casa Vicencs

Gaudís erstes Mal

Geschätzte 90 Prozent der Touristen kommen nach Barcelona, um die Werke von Gaudí zu besichtigen. Der Meister selbst – zu Lebzeiten von den Bewohnern der Stadt als Phantast abgetan – hatte dies schon vorhergesehen und sagte einmal sinngemäß: »Einmal wird alle Welt nach Barcelona reisen, um meine Werke zu sehen.« So nimmt es nicht wunder, dass das Tourismusbüro für Bauten wie die Casa Batlló oder die Casa Milà Eintrittspreise von 18 Euro verlangt.

Ein wenig bekanntes Frühwerk des berühmten Architekten findet sich in einer unscheinbaren Seitenstraße im Bezirk Gràcia, und hier sind selten Touristenansammlungen zu beobachten. Die Casa Vicencs ist Gaudís erste bezahlte Arbeit und gleichzeitig das erste Projekt, das ihn als Architekten qualifizierte. Es wurde zwischen 1883 und 1885 errichtet, Gaudí war damals 31 Jahre alt. In Auftrag gab es Manuel Vicencs i Montaner, ein vermögender Börsenmakler. Gaudí wählte als Stilmittel viele Ecken und kantige Flächen, ein starker Kontrast zu seinen späteren Werken, die allesamt fließende, der Natur entlehnte Formen hatten. Damit ist dieses Haus Zeuge dafür, dass Gaudí seinen eigenen Stil erst noch entwickeln musste. Der Künstler selbst sagte später, dass die gerade Linie Menschenwerk sei, die Kurve hingegen das Werk Gottes. Auffallend an der Casa Vicencs sind die farbigen Mosaike aus Kacheln, die dem Haus eine maurische Note verleihen, und die üppigen Gitter vor den Balkonen.

Rund um das Haus legte Gaudí einen großen Garten an, in dessen Mitte ein monumentaler Brunnen aus Ziegelstein stand. Bei einer Grundstücksverkleinerung wurde dieser leider im Jahr 1946 vernichtet. 1925 fragte der Eigentümer, ob Gaudí das Haus vergrößern könne, was dieser allerdings ablehnte.

Die UNESCO setzte das Gebäude kürzlich auf die Liste des Weltkulturerbes. Das Innere ist leider nicht zu besichtigen, da das Haus privat bewohnt wird.

Adresse Calle de les Carolines 22, 08012 Barcelona, Gràcia | **ÖPNV** Metro L 3, Haltestelle Fontana | **Tipp** Eines der schönsten Feste in Barcelona ist die Festa Major de Gràcia im August, bei dem die Bewohner einen Wettbewerb um die am ausgefallensten geschmückte Straße austragen (www.festamajordegracia.cat).

21 Die Cerería Subirà

Das älteste Geschäft der Stadt

Der älteste noch existierende Laden von Barcelona ist voll von Hunderten verschiedener handgemachter Kerzen. Sie füllen die elfenbeinfarben lackierten Regale und auch Tische, die im Verkaufsraum stehen. Wer hier eintritt, kann sich ein Bild davon machen, wie Läden im 18. Jahrhundert in Barcelona aussahen. Eine formvollendete Freitreppe, eingerahmt von zwei Kerzen tragenden Statuen, führt zur Galerie in den ersten Stock, die derzeit als Warenlager dient. Die Cerería Subirà verkauft rund die Hälfte ihrer Produktion an die Kirchen Barcelonas, die andere Hälfte wird im Laden verkauft. Da gibt es Duftkerzen, Kerzen in Kaktus-, Pilz- oder auch in Lampenform inklusive Lampenschirm.

Im Jahr 1761 gründete Jacinto Gall das Geschäft, Martí Prat, der spätere Geschäftsführer, kaufte und vergrößerte es mit Hilfe seiner Söhne. Der Laden lag damals im ältesten Teil Barcelonas, der Anfang des letzten Jahrhunderts renoviert wurde. Als 1902 im Zuge dessen die Via Laietana gebaut werden sollte, mussten viele Gebäude abgerissen werden, auch das Haus, in dem sich der Kerzenladen befand. So wurde das Geschäft in seine jetzigen Geschäftsräume verlegt, die 1847 eigentlich als reich dekoriertes Stoffgeschäft entworfen wurden.

Nach dem Spanischen Bürgerkrieg im Jahr 1939 übernahm der katalanische Kerzenmacher Paulí Subirà den Laden, und seine Nachfolger stellen die Kerzen bis heute her. Allerdings waren Kerzen nach dem Bürgerkrieg nicht sehr begehrt bei der Bevölkerung, brachte man sie doch zu sehr mit kargen Zeiten und Leid anstatt mit Intimität und Romantik in Verbindung. Bei Subirà pflegt man liebevoll die Schaufenster (es gibt ein Extra-Schaufenster um die Ecke): Sie sind immer gestaltet mit Kerzen der Saison, zum Beispiel Blumenkerzen im Frühling. Wie viele verschiedene Kerzen der Laden führt? Das wissen die Angestellten selbst nicht, es dürften aber weit über 1.000 sein.

Adresse Baixada de Llibreteria, 7, 08002 Barcelona, Barrio Gótico, Tel. 0034/933152606, www.cereriasubira.net | **ÖPNV** Metro L 4, Haltestelle Jaume I | **Öffnungszeiten** Mo–Fr 9–13.30 Uhr und 16–19.30 Uhr, Sa 9–13.30 Uhr | **Tipp** Geht man die Baixada Llibreteria hoch, kommt man in der Calle del Paradís zur Ruine des ältesten römischen Tempels von Barcelona, der sich hinter einem Patio verbirgt.

22 Chinatown Badalona

Handel mit harten Bandagen im Gewerbegebiet

Auch am Sonntag herrscht im Gewerbegebiet »Poligono Sur« im Vorort Badalona reges Treiben. Die Lagerhallen, in denen einst katalanische Industrielle Handel trieben, sind fest in chinesischer Hand. Aus Lieferwagen werden große Pakete gerollt, die vor allem eines enthalten: Kleidung, Accessoires und Schuhe aus China. Zu den meisten Verkaufsräumen haben auch Normalverbraucher Zutritt, allerdings gibt es Mindestabnahmemengen. Wer bei den Lagerhallen-Outlets düstere und schmutzige Räume erwartet, wird hier eines Besseren belehrt: Der Standard dieser Läden kann mühelos mit jeder Shoppingmall mithalten. Die Dekoration ist aufwendig, und alles ist so sauber, als ob jederzeit der Besuch von Juan Carlos erwartet würde.

Das »Chinatown Badalona« mit rund 150 Importhändlern ist noch relativ neu. Viele der vorher in Barcelona ansässigen chinesischen Großhändler mussten wegen der Krise und der hohen Mieten ihre Geschäfte aufgeben, und im Gewerbegebiet Badalona fanden sie günstige Räume. Eine 500 Quadratmeter große Halle kostet rund 3.000 Euro Miete pro Monat. Hier herrscht, bei stark dezimierten Gewinnmargen, knallharter Wettbewerb.

Die China-Läden in Barcelona existieren aber nach wie vor. In ihnen gibt es alles zu unschlagbaren Preisen, von der Fliegenklatsche über Schulhefte und Unterwäsche bis zum Blumentopf. Dazwischen ein »Wok-Restaurant«, so nennen sich die China-Restaurants, die fast überall in Barcelona das gleiche Essen anbieten. Natürlich extrem günstig: Ein Menü mit Vorspeise, Hauptgericht, Dessert und einem Getränk kostet meist zwischen sechs und acht Euro. Dass die Restaurants trotzdem meist recht leer sind, mag an der Qualität der Speisen liegen. Böse Zungen in Barcelona behaupten, dass die Kellner in diesen Restaurants nur pro forma angestellt sind und gar keinen Lohn erhalten. Ihnen soll auf diese Art die Legalität in Spanien ermöglicht werden.

Adresse Poligono Industrial Sud Badalona, 08911 Barcelona, Badalona | ÖPNV Metro L 2, Haltestelle Sant Roc | Tipp An der Metrostation Pompeu Fabra (L 2) hat man in Badalona einen neuen, recht großen Park angelegt. Der »Central Park« hat eine Fläche von 20.000 Quadratmetern.

23 Die Clínica Barraquer

Eine Klinik im vollendeten Art-déco-Stil

Von außen fällt dieses Krankenhaus für Augenheilkunde nicht besonders auf, sieht man von der abgerundeten Ecke ab. Betritt man das Gebäude aus dem Jahr 1941 jedoch, erkennt man schnell, dass man ein Kunstwerk des Art déco vor sich hat. Der Gründer, ein gewisser Ignacio Barraquer, war ein berühmter Augenarzt in Barcelona, und er hatte ein Faible für Design – und für ägyptische Kunst. Im Foyer schützt ein ägyptisches Udjat, das Auge des Horus, vor dem bösen Blick und heißt Patienten und Besucher willkommen. Wer den Blick hebt, kann die Zeit von einer Uhr ablesen, die an der Decke angebracht ist. Das Wartezimmer ist kreisrund und voll von Symbolen. An den Wänden sind die Sternzeichen angebracht, in Nischen stehen Renaissance-Statuen, manche davon ohne Haupt. Komfortable Ledersofas und speziell angefertigtes Mobiliar geben der Klinik eine individuelle Note. Da Barraquer seine Patienten nach den Augenoperationen schonen wollte, herrscht überall mildes Licht. Das rund geschwungene Treppenhaus sucht seinesgleichen in Barcelona. Spiegel sind so angebracht, dass sie die Räume vertiefen und optische Täuschungen hervorrufen – wohl dem, dessen Augen sich perfekter Gesundheit erfreuen!

Nicht wenige der Patienten können all diese Details nicht wahrnehmen, sie sind nämlich blind. Kernfeld der Klinik sind die Erforschung, Verhütung, Diagnose, Behandlung und die Kontrolle aller Aspekte von Augenkrankheiten.

Weil Ignacio Barraquer seine Behandlungsmethoden auch für Menschen ermöglichen wollte, die über begrenzte finanzielle Ressourcen verfügten, etablierte er für sie spezielle preisgünstige Behandlungen. Als er sein Krankenhaus damals am Rande der Stadt eröffnete, nannten ihn seine Kollegen »verrückter Visionär«. Niemand glaubte, dass ein Patient so weit fahren würde, um sich behandeln zu lassen. Das Gegenteil war aber der Fall, Barraquers Terminkalender ist immer voll.

Adresse Calle de Muntaner 314, 08021 Barcelona, Eixample, Tel. 0034/932095311, www.barraquer.com | ÖPNV Metro FGC L 6, Haltestelle Muntaner | Tipp Deutschsprachige Führungen von Architekten durch Barcelona gibt es unter www.geilinger.net, mit Schwerpunkt auf Urban Landscape und zeitgenössischer Architektur.

24 Die Colònia Castells

Ein Dorf inmitten der Stadt

Die Abrissbagger haben einen Teil ihrer Arbeit schon erledigt. Die umzäunten Flächen, auf denen noch Brocken von Ziegelsteinschutt liegen, waren einmal bebaut mit Dorfhäusern im alten katalanischen Stil, so wie nebenan an der Calle de Castells. Die heutige Metropole Barcelona war früher einmal ein Flecken Land, auf dem neben der Stadt noch einige Dörfer wie Gràcia, Sant Andreu oder Sarrià ihren Platz hatten. Eine kleine Siedlung außerhalb der Stadt war die Colònia Castells, nach einer Lackmanufaktur an der Travessera de les Corts benannt. Für die Arbeiter wurden einfache einstöckige Häuschen gebaut, die alle weiß getüncht sind und einen kleinen Vorgarten haben. Abends sah man die Bewohner oft auf Stühlen vor ihren Häuschen sitzen. Die Häuser stammen aus dem späten 19. Jahrhundert, als Arbeiter aus Andalusien nach Barcelona emigrierten, um hier Arbeit zu finden. Zu dieser Zeit machte Barcelona eine rasante Entwicklung zum industriellen Standort. Die Lackmanufaktur gehörte einem gewissen Manuel Castells i Carles, nach dem eine Gasse dieser Siedlung benannt ist.

Eine Bürgerinitiative (http://salvemlacolonia.blogspot.com.es) kämpft gegen den Abriss, aber so wie es aussieht, ist das Schicksal der restlichen alten Häuser besiegelt. 400 Wohnungen in Hochhäusern sind auf dieser Fläche geplant, was die Probleme durch die dichte Besiedlung der Innenstadt noch verschärfen wird. Dass noch nicht alle Häuser abgerissen sind, ist der Zähigkeit ihrer Bewohner zu verdanken.

Der Großteil von ihnen bekam eine Wohnung in der Nähe zur Verfügung gestellt oder eine Abfindung. Es gab aber etwa ein halbes Dutzend Familien, die seit jeher in den Häusern wohnten, ohne einen Vertrag über Wohnungseigentum oder Miete zu haben, was die Bürgerinitiative aber tunlichst nicht erwähnt. Diese Menschen bekommen nach geltendem Recht weder Abfindung noch Ersatzwohnung.

Adresse Calle de Castells, 08029 Barcelona, Les Corts | **ÖPNV** Metro L5, Haltestelle Entença | **Tipp** Im Stadtteil Sant Andreu, an der Calle Basconia, gibt es ähnliche Dorfhäuser, die ebenfalls abgerissen werden sollen. Bisher hat sich die Bürgerinitiative mit Erfolg dagegen gewehrt.

25 Das Comercial de Guarnicionería

Ein Laden, ein Museum, ein Museumsladen?

Gute 100 Jahre hat dieses Geschäft auf dem Buckel. Das alte Schild mit der Aufschrift »Suministros para Guarnicioneros, Tapiceros, Marroquineros, Náutica« wurde seitdem wohl nicht mehr erneuert. Nach dem Eintreten durch die alte Tür schlägt einem ein Geruch entgegen, wie man ihn auch in Sattelkammern von Pferdeställen findet. Kein Wunder, denn hier residiert ein »Lieferant für Sattler, Polsterer, Lederwarenhändler und Nautiker«. Der Raum ist gefüllt mit Unmengen von uralten Schubladenschränken, deren Schübe mit schwer übersetzbaren Begriffen in Schönschrift versehen sind. Anscheinend wurde früher die Ware nach Gewicht bezahlt – eine verrostete Waage mit Gewichten steht immer noch auf dem Tresen. Und die mechanische Ladenkasse hat wohl vor Kurzem noch Peseten oder gar Reales gewechselt.

Auch spanische Reiter scheinen öfter vorbeigekommen zu sein. Im Sortiment finden sich Hufeisen, Steigbügel, Sporen, Cowboygürtel in vielen Ausführungen, natürlich auch die dazugehörigen Lederwaren, die auf Maß geschnitten werden. Wem das Scharnier seines Lederkoffers kaputtgegangen ist, der findet hier unter Dutzenden von Kofferscharnieren eines zum Austausch. Auch Beschläge, Koffergriffe, Schnallen, Bänder und Broschen sind fein sortiert auf Lager. Die Buchhaltung wird, wie es früher üblich war, in einer Kabine mitten im Laden erledigt, die mit Milchglasfenstern vor den Blicken geschützt ist. Weiter hinten in dem etwas düsteren Verkaufsraum finden sich Spazierstöcke mit Mahagoniknauf, sogar solche mit Löwen- und Dackelköpfen (!) sind erhältlich.

Leider ist das Servicepersonal in seinem Gehabe auch etwas antiquiert. Obwohl drei Verkäuferinnen und kein weiterer Kunde im Geschäft sind, kann es vorkommen, dass man gebeten wird, später wiederzukommen, wenn man besondere Wünsche habe.

Adresse Paseo Picasso 14, 08003 Barcelona, Born, Tel. 0034/933196843, www.c-guarnicioneria.com | ÖPNV Metro L1, Haltestelle Arc de Triomf | Öffnungszeiten Mo–Fr 8–15 Uhr, Sa 8–13 Uhr | Tipp Gleich nebenan, Paseo Picasso 10, kann man neue Ess-Erfahrungen im Restaurant »Dans le noir« machen: Dort wird im Dunkeln gespeist!

26 Die Co-Working-Büros

Ich habe noch einen Schreibtisch in Barcelona …

Wer für kurze oder längere Zeit in Barcelona wohnt und sich einige Wohnungen oder WGs anschaut, der wird schnell entdecken, dass die angebotenen Zimmer vor allem teuer und klein sind. Viele Wohnungen sind so geschnitten, dass das Wohnzimmer riesig ist und die angrenzenden Schlafzimmer oft winzig und zum Teil sogar ohne Fenster sind!

Wer also entspannt arbeiten möchte, für den empfiehlt sich eine professionelle Umgebung. Die seit Neuestem aus dem Boden sprießenden Co-Working-Büros bieten einige Vorteile. Die »Makers of Barcelona«, kurz Mob, verfügen über eine geräumige Erdgeschossbürofläche im Zentrum, nahe der Plaza Catalunya. Ob man sich einen festen Schreibtisch mietet oder flexible Tarife in Anspruch nimmt, man ist immer umgeben von mehreren Freelancern, viele aus dem Bereich Fotografie, Grafik, Journalismus, Werbung oder Film und aus verschiedenen Ländern stammend. Dank der räumlichen Nähe kommt es so oft zu gemeinsamen Projekten. Für die Künstler veranstaltet man hier einen »Art Supermarket«, für die Sprachbegeisterten Sprachaustausch. Es gibt Weiterbildungen, zum Beispiel für Webdesign, »Motivation in Zeiten der Krise« oder »Smart tools for smart writers«. Besonders beliebt sind die Co-Working-Büros in Barcelona bei Architekten. Da die großen Architekturbüros im Zug der Baukrise in Spanien viele Arbeitsplätze abbauten, machten sich viele Architekten selbstständig und arbeiten jetzt als Freelancer für verschiedene Auftraggeber.

Praktisch ist das Co-Working auch für diejenigen, die sich selbst keinen Maschinenpark anschaffen wollen: Vom Drucker über Plotter, Fax und Kopierer sind diese Büros mit allem nötigen Equipment ausgerüstet, meistens gibt es auch eine kleine Küche mit Espressomaschine. Einige Büros verfügen außerdem über Konferenzräume, in denen man sich ungestört mit Geschäftspartnern treffen kann, manche haben sogar eine Sekretärin.

Adresse Mob Barcelona, Calle de Bailén 11, 08010 Barcelona, Eixample, Tel. 0034/665338520, www.mob-barcelona.com | **ÖPNV** Metro L 2, Haltestelle Tetuan | **Tipp** Zwei Stunden Miete für einen kleinen Büroraum kosten 15 Euro zuzüglich Mehrwertsteuer. Einen Arbeitstisch (Tagesmiete) inklusive Nutzung von WLAN, Kopiergerät, Drucker, Plotter bekommt man für 25 Euro zuzüglich Mehrwertsteuer.

27 Die Dachterrasse

Die blaue Stunde über den Dächern des Barrio Gótico

Die Gassen des Barrio Gótico sind sehr eng und meistens voll mit Touristen. Wie schön, wenn man diesem Gedränge und Geschiebe entfliehen und den Blick schweifen lassen kann! Der schönste Aussichtspunkt der Altstadt von Barcelona ist zweifellos die Dachterrasse des Grand Hotel Central. Das Hotel an sich ist übrigens auch zu empfehlen: Es gibt eine Bücherei, die sich thematisch auf Barcelona spezialisiert hat, ein Restaurant, das der Zweisternekoch Ramon Freixa betreibt, und das ganze Haus ist im Stil der Roaring Twenties gestaltet.

Auf der Dachterrasse laden bequeme Liegestühle zur Abkühlung in warmen Sommernächten ein. Ab und zu fliegt eine Möwe an den Rand des Swimmingpools und nippt etwas vom kühlen Nass. Der hellblaue Pool scheint an zwei Seiten keine Begrenzungsmauer zu haben, ein Design, das in den vergangenen Jahren allerdings von Swimmingpoolherstellern etwas überstrapaziert wurde. Ein Kellner bringt Bier, Wein oder frisch gepresste Fruchtsäfte zu mäßigen Preisen, und eine DJane legt dazu die passende Musik auf. Der Blick fällt auf einen weiteren Dachgarten des Hotels, einen Stock höher, der über und über mit Grünpflanzen und griechischen Säulen romantisch dekoriert ist. Das sei das Reich der Mutter des Inhabers, wird gemunkelt.

Ansonsten enthüllt die Dachlandschaft der Altstadt eine kaum zu leugnende Ärmlichkeit. Die meisten Häuser haben Flachdächer, die als Abstellplatz für Müll, Klimaanlagen oder Wäschetrockner genutzt werden. Viele haben murkelige Aufbauten, für die bestimmt nie eine Baugenehmigung eingeholt wurde.

Wenn es dämmert, wird die Illumination der »Gurke«, des Büroturms von Jean Nouvel, angeknipst. Seine sphärenhaft blau-rote Beleuchtung lässt ihn wie ein Ufo im Häusermeer Barcelonas aussehen. Huch! Da ist eine riesige Kirche, die man vorher noch nie gesehen hat. Es muss wohl Santa Maria del Mar sein …

Adresse Grand Hotel Central, Via Laietana 30, 08003 Barcelona, Barrio Gótico, Tel. 0034/932957900, www.grandhotelcentral.com | **ÖPNV** Metro L 4, Haltestelle Jaume I | **Öffnungszeiten** täglich 9–1 Uhr | **Tipp** Wer sich vom Blick in die Ferne angeregt fühlt für eine Meditation, kann Zen-Meditationen im nahen Studio Gyo Espai Zen buchen (Calle Agullers 17, www.kannongyo.com). Dort gibt es auch Yogakurse und Massagen.

28 Das Delta del Llobregat

Ein Naturpark an der Landebahn des Flughafens

Um diesen Naturpark zu entdecken, muss man nach Prat del Llobregat fahren, eine Haltestelle der Eisenbahn, die meist nur Einheimische benutzen. Der Vorort ist genauso langweilig wie die meisten der Trabantenstädte Barcelonas, Hochhäuser vom Reißbrett, einfache Bars und Geschäfte. Der Parkplatz, an dem der Spazierweg entlang eines Arms des Deltas beginnt, liegt direkt vor der Einflugschneise des Flughafens von Barcelona. So kann man alle zwei Minuten verfolgen, welche Airlines Barcelona ansteuern.

Zwischen Industriehafen und Flugplatz vermutet wohl kaum jemand das größte Naturschutzgebiet Barcelonas – es nimmt immerhin eine Fläche von 98 Quadratkilometern ein. Am Weg haben einige Kleingärtner ihre Parzellen, es werden Kohl, Artischocken, Kürbisse, Tomaten und Salat angebaut. Im Fluss schwimmen Schildkröten, und in den Uferzonen nisten Vögel wie der einsame Rocker, der Wanderfalke oder der Königsmauersegler.

Die Zahlen sind beeindruckend: 360 Vogelarten sind hier zu sehen, 29 Arten von Säugetieren, 13 Reptilien- und vier Amphibienarten, 17 Fischarten, 700 Pflanzenarten, darunter 22 verschiedene Orchideen, und über 200 Arten von Pilzen. Immerhin 48 Hektar nimmt der strandnahe Pinienhain »Can Camins« ein. Die Steinpinien wachsen auf einer ehemaligen Düne und stellen ein äußerst wertvolles biologisches Rückzugsgebiet für Fauna und Flora dar. Außerdem bilden sie eine natürliche Hürde für die Wanderdünen. Auch die drei Teiche von »Can Dimoni« mit insgesamt 31 Hektar Fläche sind ein wertvoller Naturraum.

Der Spazierweg führt rund 1,5 Kilometer bis zum Strand, wo ein kleiner Aussichtsturm einen schönen Blick auf das Meer und die Uferzone bietet. Ein mit Seilen abgegrenzter Spazierweg führt in Richtung Norden, in rund 100 Metern Abstand zum Strand. Unnötig zu sagen, dass man seinen Müll wieder mitnehmen und auch die Pflanzen stehen lassen soll.

Adresse 08820 El Prat de Llobregat, www.deltallobregat.cat | **ÖPNV** Renfe Estacion Prat del Llobregat, dort umsteigen in den Bus PR3 Rosanbus, Haltestelle Platja de El Prat – Mirador | **Pkw** Im Ort Prat de Llobregat, eine Ausfahrt vor dem Flughafen, zeigen Hinweisschilder den Weg zum »Espais natural del Delta del Llobregat«. | **Öffnungszeiten** geführte Touren unter Tel. 0034/934793201 | **Tipp** Im Frühling und im Sommer wird Mückenspray empfohlen. Für die Vogelbeobachtung ist ein Fernglas sehr nützlich.

29 — Das Dipòsit de les Aigües

Moderne Universitätsbibliothek im alten Wasserspeicher

Dieses architektonische Kleinod zu finden, ist zugegebenermaßen etwas schwierig. Man muss dazu den Haupteingang des Universitätsgeländes der Universitat Pompeu Fabra an der Calle Ramon Trías Fargas 39 benutzen und dann durch das Foyer in den Keller gehen. Von dort läuft man durch ein Gewirr von Bibliotheksräumen, in denen Hunderte von Studenten sitzen, bis zum »Dipòsit de les Aigües«. Ein oder zwei Hinweisschilder weisen darauf hin. Der Zugang ist übrigens für jedermann frei, man muss kein Student sein und auch keinen Ausweis vorzeigen.

Der Wasserspeicher wurde im Jahr 1888 vom Architekten Josep Fontserè errichtet, nach dem Vorbild der römischen Bäder von Mirabilis. Der Bau war konstruiert als Wasserreservoir, deshalb die gewölbten Decken und die Ziegelsteinwände, die auf 48 Pfeilern ruhen. Im Verlauf der Jahre diente das Bauwerk als Altersheim, als Depot für Feuerwehrbedarf, als Filmstudio und während des Krieges als improvisiertes Krankenhaus. Jetzt ist es ein – wenn auch ungewöhnlicher – Teil der Universitätsbibliothek.

Die Universität kaufte das Gebäude in den 70er Jahren, um die eigenen Flächen zu erweitern. Die Architekten Lluís Clotet und Ignacio Paricio wurden damit betraut, den Wasserspeicher den Bedürfnissen einer Bibliothek entsprechend anzupassen. Sie haben exzellente Arbeit geleistet. Der riesige Raum wirkt durch die großen Tische, an denen jeweils ein Dutzend Leser sitzen kann, und die wohlgeordnete Bestückung mit Bücherregalen anheimelnd und leserfreundlich. Rund eine Million Bücher, darunter auch viele historische Werke, lagern hier. Auf einigen Regalen befinden sich beleuchtete Auslageflächen, sodass man Bücher erst einmal inspizieren kann, ehe man sie zum Lesen mit an den Tisch nimmt. Für spanische Verhältnisse ist es in der Bibliothek relativ ruhig – nur manchmal hört man Löwengebrüll oder Emu-Schreie. Sie kommen aus dem benachbarten Zoo.

Adresse Calle Ramon Trías Fargas 39, 08005 Barcelona, Barceloneta, www.upf.edu | **ÖPNV** Metro L 4, Haltestelle Ciutadella Vila Olímpica | **Öffnungszeiten** Mo–Fr 8–20 Uhr, Sa, So 10–21 Uhr | **Tipp** In der Nähe der Universitätsbibliothek liegt ein ganz besonderer Raum: Der »Andachtsraum« von Antoni Tàpies. Rund 20 Stühle sind hier an den Wänden angebracht, und zwei Teppiche sollen Besucher dazu bewegen, ihren inneren göttlichen Kern zu entdecken.

30_Dos Torres

Eine Villa mit Garten für lukullische Genüsse

Der Name, übersetzt »Zwei Türme«, ist etwas irreführend, hat die modernistische Villa im Stadtteil Sarrià doch nur ein Türmchen. Vielleicht will man aber auch eine Referenz an den Bezirk namens »Tres Torres« geben. Torres nannten sich früher die großbürgerlichen Villen dieses Bezirks. Das Restaurant liegt an der Via Augusta, der 1.500 Kilometer langen, von den Römern angelegten Straße, die eben auch durch Barcelona führte. Tres Torres gehört zum Stadtteil Sarrià, der erst im Jahr 1927 der Stadt Barcelona eingemeindet wurde und im Kern immer noch dörflich wirkt. Romantisch ist ein Besuch des Restaurants besonders im Frühling, wenn der große Garten vor dem Haus von lila blühenden Jacaranda-Bäumen beschattet wird. Sie blühen zwar nur zwei Wochen, sind dann aber eine wahre Augenweide! Besondere Gäste bekommen die Sitzplätze in dem kleinen, runden Gartentempel, Normalsterbliche können das Essen an den Tischen, die von Sonnenschirmen oder Pergolas beschattet sind, einnehmen.

Für ein Essen sollte man eine gut gefüllte Brieftasche mitbringen. Eine Portion Bellota-Schinken mit Pan con Tomate kostet beispielsweise 19 Euro, Reis mit Trüffel und Foie 21 Euro. Auch Rindfleisch aus Nebraska vom Holzkohlengrill und Lachsfilet mit Avocado und frischer Mango in knackigen Chips stehen auf der Karte. Zu allen Gerichten wird frisch gebackenes Vollkorn- oder Weißbrot gereicht. Die Gäste unterscheiden sich von den Besuchern der Restaurants in der Altstadt vor allem dadurch, dass praktisch jeder Herr einen Anzug trägt, manchmal mit, manchmal ohne Krawatte, die Damen kommen meist im Kostüm, kombiniert mit Prada- oder Gucci-Täschchen. Unter der Woche essen hier vor allem die Geschäftsmänner, die in der Umgebung arbeiten, am Wochenende die Familien aus dem Bezirk Sarrià. Ab und zu sollen die Spieler vom FC Barcelona vorbeischauen, was bei der Essensqualität nicht verwundert!

Adresse Via Augusta 300, 08017 Barcelona, Sarrià, Tel. 0034/932066480, www.restaurantedostorres.com | **ÖPNV** Ferrocarril L 6, Haltestelle Les Tres Torres | **Öffnungszeiten** täglich 13–16 Uhr und 20.30–0 Uhr | **Tipp** Nach dem Essen kann man einen schönen Spaziergang zum Kloster Pedralbes unternehmen, durch die ruhigen grünen Straßen des Bezirks.

31 Die Düfte-Galeria

Exquisites Eau de Toilette und historischer Essig

Wer in Barcelona im Sommer in die Oper oder ins Theater geht, hat diesen Duft bestimmt in der Nase: Katalanen lieben es, sich selbst, ihre Kinder und Babys mit Eau de Toilette einzustäuben.

Eines der feinsten Geschäfte, um sich damit einzudecken, liegt im Born. Die Marke »Officina Profumo – Farmaceutica di Santa Maria Novella« hat eine Tradition, die bis ins 13. Jahrhundert zurückreicht.

In Florenz, genauer gesagt an der Piazza di Santa Maria Novella, hatte eine der ältesten Apotheken der Welt ihren Sitz. Sie wurde von Dominikanermönchen gegründet, die im Garten Kräuter für medizinische Zwecke pflanzten. 1612, als die Produkte aus Florenz schon weltweiten Ruhm genossen, entschied Abt Eugenio Alphandery, die Apotheke für die Öffentlichkeit zu öffnen. Für Katharina von Medici entwarf man das »Water of the Queen«. Ein Angehöriger der Firma, Giovanni Paolo Feminis, zog nach Köln, wo er zunächst das gleiche Parfum herstellte, es dann aber zu Ehren der Stadt, in der er lebte, in »Eau de Cologne« umbenannte. Dort gab es seitdem viele Rechtsstreite, welche Marke diesen Namen zu Recht trägt.

Die Eaux de Cologne von Santa Maria Novella werden ausschließlich aus natürlichen Substanzen hergestellt. Der Bogen reicht von Frangipani, Mimose über Vetivergras bis zu dem Kraut »Santa Maria«, das für seine beruhigenden Qualitäten bekannt ist.

Im Laden gibt es auch After Shave für Männer, Kräuterliköre, Seifen und Sonnenmilch. Sogar historische Produkte sind erhältlich, doch ob heute noch jemand den Aroma-Essig »Essig der sieben Diebe« kauft, der gegen Ohnmachtsanfälle helfen soll?

Die Geschäftsräume selbst können zwar mit dem prunkvollen Hauptsitz in Florenz, der zum 400-jährigen Jubiläum der Firma im Jahr 2012 renoviert wurde, nicht ganz mithalten; mit ihren alten Kirchenmöbeln aus dunklem Holz sind sie aber dennoch auf jeden Fall sehenswert.

Adresse La Galeria de Santa Maria Novella, Calle L'Espaseria 4–8, 08003 Barcelona, Born, Tel. 0034/932680237, www.lagaleriasmn.blogspot.com, www.smnovella.com | **ÖPNV** Metro L4, Haltestelle Barceloneta | **Öffnungszeiten** Mo 16.30–20.30 Uhr, Di–Sa 10.30–13.30 Uhr und 16.30–20.30 Uhr | **Tipp** Kostenlose Stadtführungen durch den Stadtteil Ribera, die auch den einen oder anderen Geheimtipp enthalten, gibt es täglich bei Discoverwalks (www.discoverwalks.com), Treffpunkt um zehn Uhr und um 17 Uhr an der Plaza de l'Angel.

32 Das Erfinder-Museum Miba

Museumsreif sind diese Erfindungen bestimmt noch nicht …

Das neue Miba ist das erste Museum seiner Art weltweit. Gründer ist der in Barcelona recht bekannte Erfinder und Autor Pep Torres, der das Buch »El manual del inventor« schrieb. Präsentiert werden keine bekannten Erfindungen wie die erste Glühbirne oder das erste Mobiltelefon, sondern nagelneue, bisweilen skurrile Kreationen.

Die Ausstellungsstücke sind dreisprachig (katalan – spanisch – englisch) beschriftet, und neben jedem Objekt gibt es einen Screen, der die Erfindung »in Benutzung« zeigt. Das rein private Projekt wurde mit einer Investition von 350.000 Euro verwirklicht, und Pep Torres hofft auf 350.000 Besucher pro Jahr. Für neugierige Besucher gibt es einiges zu entdecken; sparsame Zeitgenossen können erst einmal von außen mit Hilfe eines Periskops »scannen«, ob sich der Eintritt lohnt.

Auch an die lieben Kleinen wurde gedacht: In einer Malecke können Kinder ihre eigenen Kreationen zu Papier bringen. Einmal im Jahr werden alle Bilder begutachtet, und die drei Gewinner werden mit einem kostenlosen Patent beschenkt, ihre Ideen werden sogar als Prototyp gebaut und weltweit gezeigt.

Manche der Exponate sind nicht ganz ernst zu nehmen, wie zum Beispiel der »vorzerknäulte« Lebenslauf für Bewerbungen, die sowieso im Mülleimer landen, oder die »Plant'o'matic«, ein mobiler Blumentopf, der sich selbsttätig nach der Sonne ausrichtet.

Auch Design gibt es zu sehen, zum Beispiel den Vespa-Stuhl, der aus dem vorderen Teil eines Motorrollers gemacht ist, oder das Handy, mit dem man ausschließlich telefonieren kann und das mit einem Notizblock und Bleistift auf der Rückseite ausgestattet ist. Diese und viele andere Dinge kann man im Museumsshop kaufen – eine gute Empfehlung für ein unkonventionelles Souvenir.

Adresse Calle Ciutat 7, 08002 Barcelona, Barrio Gótico, Tel. 0034/933327930, www.mibamuseum.com | ÖPNV Metro L 4, Haltestelle Jaume I | Öffnungszeiten Di–Fr 10–19 Uhr, Sa 10–20 Uhr, So 10–14 Uhr | Tipp Im Rathaus (Plaza Sant Jaume) ist sonntags zwischen 10 Uhr und 13 Uhr Tag der offenen Tür.

33 La Escocesa

Talentschmiede und Zuflucht für Graffiti-Künstler

Dieser Abschnitt des Calle Pere IV liegt in einem Teil von Poblenou, der noch große Brachflächen aufweist. Einige verlassene Gewerbehöfe künden von den Zeiten des »Manchester-Kapitalismus«, der hier vor 100 Jahren einmal geherrscht hat. Jetzt kämpft die Stadtverwaltung gegen illegal hausende Sippen, die auf den Brachflächen ihre Hütten gebaut haben, sehr zum Ärger der Anwohner.

»La Escocesa« ist eine ehemalige Färberei, die von der Stadtverwaltung Künstlern kostenfrei überlassen wurde. In den halb verfallenen Arbeiterwohnungen an der Straßenfront wohnen noch die Bewohner, die schon immer dort gelebt haben. Die geräumigen Höfe sind ein idealer legaler Tummelplatz für Graffiti-Artisten. Ansonsten sei es in der Stadt schwierig geworden, legal zu sprühen, sagt Zosen Bandido, einer der Künstler von La Escocesa. Zosen gehört zu den bekanntesten Graffiti-Artisten aus Barcelona. Seine Werke kann man auf der Seite www.animalbandido.com und in Galerien in aller Welt bewundern. Er entwirft zusammen mit der Modedesignerin Claudia Font Kleider, Hüte und Bikinis.

Wer heute in Barcelona mit der Metro fährt, kann praktisch nirgends ein Graffiti entdecken, alles ist wie geleckt. Die Anti-Graffiti-Politik der Stadtverwaltung hat zum Ergebnis, dass die Wände klinisch rein sind, genau wie die Waggons.

An den Wänden der Abbruchhäuser in Poblenou oder im noch entlegeneren Sant Adrià de Besòs sind jedoch noch Kunstwerke der Sprayer zu sehen. Schließlich hat Barcelona einen Ruf in der Graffitiszene und Künstler wie Lolo, Freaklüb, ONG oder pez hervorgebracht.

Ein beliebtes – und dazu legales – Betätigungsfeld für Sprayer sind die Tausende von Metalljalousien der Läden von Barcelona, vor allem in der Altstadt. Die Ladeninhaber lassen sie meist lieber von Profis gestalten, als sie den illegalen Sprayern als Spielwiese zu überlassen.

Adresse Calle Pere IV 345, 08020 Barcelona, Poblenou, www.laescocesa.org | ÖPNV Metro L 4, Haltestelle Selva de Mar, von dort rund 10 Minuten Fußweg | Öffnungszeiten Der Gewerbehof hat einen verriegelten Zugang, um hineinzukommen, bitte per E-Mail anmelden. | Tipp Montanacolors aus Barcelona hat verschiedene Sprays extra für Graffiti-Artisten entworfen, zum Beispiel »Hardcore« oder »Alien«, www.montanacolors.com.

34_Das Espai Sucre

Ein Restaurant nur für Nachtisch – hmmm!

Der katalanische Name des Restaurants, Espai Sucre, zu Deutsch ungefähr »Zuckerplatz«, führt in die Irre. Wer denkt, dass er hier ein Dinner mit Vorspeise Schokoladenpudding, Hauptspeise Eis mit heißen Himbeeren und als Nachspeise Crema catalana bekommt, liegt falsch. Süß sind die wenigsten Nachspeisen hier, und Zucker kommt kaum zur Verwendung. Was also ist das Espai Sucre?

Seine Gründung geht auf das Jahr 2000 zurück, als der Koch Jordi Butrón mit seinen Partnern Xano Saguer, Guillem Vicente und Reme Butrón das erste Dessert-Restaurant der Welt eröffnet. Ihre Mission war es, aufzuräumen mit der Prämisse, dass Desserts in Restaurants süß sein sollten, während die übrigen Gerichte herzhaft und geschmackvoll sein durften. So gründeten sie kurze Zeit später eine Dessert-Schule für Profi-Köche, in der sowohl traditionelle als auch »State-of-the-Art«-Techniken gelehrt wurden.

Das kleine, hypermoderne Restaurant, fast ganz in Weiß gehalten, ist in zwei Bereiche aufgeteilt. Vorne, im hohen Gastraum, werden die Menüs serviert. Hinten, in der Küche, steht ein großer Tisch für ein Dutzend Personen, die die Köche bei ihrer Arbeit beobachten wollen und dabei »süße Tapas« essen möchten. Dazu gibt es eine spezielle Speisekarte, in der man aus 14 verschiedenen Geschmacksrichtungen auswählen kann. Zum Beispiel »Banane, Sesam, Kefir« oder »Eigelb, Mais, Apfel«. Es wird mutig gemixt: Der traditionelle Reis mit Calamares wird hier mit Mangostücken und Safrancreme ergänzt, Oliven und Pfirsiche kommen mit San-Simón-Räucherkäse auf den Teller. Wie wäre es mit einem Schokoladenmenü, bei dem Essig, Erdbeeren, frische Minze und Pfeffer zum Einsatz kommen? Die Geschmacksnerven kommen auf Touren, im Mund entsteht eine wunderbare Sinfonie.

Den Kaffee aus der Nespresso-Maschine muss man sich selbst holen, dafür ist er kostenlos. Alle anderen Getränke werden aber an den Tisch gebracht.

Adresse Calle Princesa 53, 08003 Barcelona, Born, Tel. 0034/932681630, www.espaisucre.com | **ÖPNV** Metro L 4, Haltestelle Jaume I | **Öffnungszeiten** Di–Do 21–23.30 Uhr, Fr, Sa 1. Schicht 20.30 Uhr, 2. Schicht 22.30 Uhr | **Tipp** Eine kleine Manufaktur, bei der man zuschauen kann, wie Lollipops hergestellt werden, liegt an der Calle Ample 28 und heißt papabubble (www.papabubble.com).

35 Die Eule

Eine Rieseneule wacht über das nächtliche Barcelona

Was die Augen von T.J. Eckleburg zwischen West Egg und New York in »The Great Gatsby« sind, ist die Eule an der Diagonal für die Menschen in Barcelona. Die älteren Bewohner der Stadt kennen das Firmenemblem noch von der alten Schilderfabrik »Rótulos Roura«. Der »búho«, eine überdimensionale Eule mit kugelrunden gelben Augen und markantem Gefieder, sitzt noch immer auf dem schmalen Gebäude aus den 20er Jahren an der Ecke Diagonal und Paseo de Sant Joan. Er wurde noch während der Franco-Zeit in den 70er Jahren installiert.

Nach einem Gesetz aus dem Jahr 2004 mussten alle alten Werbeschriften von den Häusern entfernt werden. Blinkende Neonreklamen nahmen nämlich, so die Meinung der Stadtväter, überhand und passten nicht zum Stadtbild von Barcelona, der Stadt der Architektur. Außerdem verdeckten sie zum Teil die wunderbaren modernistischen Fassaden, die jetzt allesamt wieder sichtbar sind – insofern war dieses Gesetz einmal eine sinnvolle Vorschrift. Auch Plakatwände und Litfaßsäulen, in anderen Städten an jeder Straßenecke zu finden, werden in Barcelona nur maßvoll eingesetzt.

Der Kauz hat diesen Kahlschlag nicht nur überlebt – er wurde sogar restauriert. Er gehörte sozusagen zur »historischen« Stadtlandschaft. Die Hauseigentümer schlossen mit der Stadtverwaltung einen Vertrag ab, in dem sie sich verpflichteten, gut für die Eule zu sorgen.

Nachts wird es gespenstisch: Dann schließt und öffnet der Nachtvogel seine großen gelben Augen ganz langsam und in einem Rhythmus, der für flüchtige Beobachter schwierig zu bestimmen ist. Fast wirkt es so, als lebe dieses Tier und linse mit katzenhafter Neugier auf das nächtliche Treiben auf der Diagonal. Durch das Gestell, auf dem er installiert ist und das man nachts nicht sehen kann, scheint der Riesenvogel durch die Nacht zu schweben. Schade, dass Werbung selten so filigran ist.

Adresse Diagonal Ecke Paseo de Sant Joan, 08010 Barcelona, Eixample | ÖPNV Metro L 4 und L 5, Haltestelle Verdaguer | Tipp Ein weiteres altes Werbesymbol, das bis heute überlebt hat, ist die sich drehende Uhr der Banco de Bilbao am Plaza Catalunya.

36 Die Fàbrica del Sol

Die Umwelt entdecken auf Katalan

Als es Spanien noch wirtschaftlich gut ging, investierte die Regierung Zapatero Milliardenbeträge in die Förderung der Solarenergie. Spanien sollte einmal weltweiter Vorreiter auf diesem Gebiet werden. Im Zuge der Wirtschaftskrise wurden die Solarinvestitionen praktisch auf Null zurückgefahren.

Mit mehr als 300 Sonnentagen ist Barcelona prädestiniert für die Nutzung von Solarenergie. Darum, aber nicht nur, geht es in der Fàbrica del Sol, einem Zentrum für Aufklärung rund ums Energiesparen. Ein großes Solarfeld versorgt das Gebäude, in dem einst die Katalanische Gasbehörde ihren Sitz hatte, mit Strom. An bewölkten Tagen wird die Fußbodenheizung mit einem Biomassekraftwerk betrieben. Auch die Klimaanlage ist umweltfreundlich, sie funktioniert mit Kondensationswasser. Mit einem Lift, der nur rund 40 Prozent des Stroms normaler Lifte verbraucht, geht es hinauf auf den Dachgarten. Er ist bepflanzt mit Blumen und Kräutern, wie man es leider in Barcelona nur selten sieht. Sogar an Vogelnester wurde gedacht.

Obwohl alles ausschließlich auf Katalan beschriftet ist, kann man hier auch ohne Sprachkenntnisse etwas lernen. Zum Beispiel beim Kurbeln an einem Generator, der verschiedene Glühbirnen zum Leuchten bringt: Mit der gleichen Kurbelgeschwindigkeit brennt die Energiesparbirne viel heller als die normale Glühbirne. Die Stadtverwaltung handelte entsprechend und stattete die gesamte Weihnachtsbeleuchtung der Stadt mit LED-Birnchen aus, genau wie die Ampeln.

Selbst auf der Toilette kann man sich weiterbilden: »Bitte nur so viel Papier wie nötig nehmen«, steht über der Klorolle. Die Spülung funktioniert mit Regenwasser und hat eine Wasserspartaste. Die Angst, auf dem stillen Örtchen beobachtet zu werden, ist unbegründet: Die durchsichtige Glastür der Toilette verwandelt sich, wie von Zauberhand, wenn man die Toilette abschließt, in eine Milchglastür.

Adresse Paseo Salvat Papasseit 1, 08003 Barcelona, Barceloneta, Tel. 0034/932564430, www.mcrit.com/crbs | **ÖPNV** Metro L 4, Haltestelle Barceloneta | **Öffnungszeiten** Di–Fr 10–14 Uhr und 16–20 Uhr, Sa 10–14 Uhr und 16–19 Uhr | **Tipp** In einer kleinen Bar ohne Namen in der Calle Andrea Doria in der Barceloneta gibt es abendliche Flamenco-Konzerte, Eintritt frei.

37 Der Fahrradweg am Fluss

Eine der wenigen Strecken ohne Autoverkehr

Der Flusspark am Rio Besòs wurde vor noch nicht allzu langer Zeit angelegt. 1962, als man den Fluss kanalisierte, wandelte sich das Rinnsal zur Kloake. Heute ist vom Rio Besòs kaum noch etwas zu sehen, dichte Schilfrohrbepflanzung versperrt die Sicht auf ihn. Auch wenn es keine genauen Messungen gibt – durch die erhöhte Fließgeschwindigkeit in den letzten Jahren hat sich die Wasserqualität etwas verbessert.

Die Gegend versprüht eine gewisse Großstadtromantik; monströse Autobahnbrücken aus Beton überspannen den Flusspark, und an einer Seite braust der Verkehr auf der achtspurigen Ronda Litoral Tag und Nacht. Auf den Rasenflächen, die durch künstliche Bewässerung grün gehalten werden, tummeln sich gegen Abend Fußballspieler. Spaziergänger und Jogger nutzen dagegen gern den vorbildlich angelegten Fahrradweg. Mit einer Fläche von rund 22 Hektar bildet das Grün die größte Rasenfläche von Barcelona!

Die gesamte Länge der Fahrradstrecke von Sant Adrià de Besòs über Santa Coloma de Gramanet bis nach Montcada i Reixac beträgt 25 Kilometer, ist also an einem Tag leicht zu schaffen. Wer gute Kondition hat, kann noch weiter bis zur »Font del Tort« fahren, wo der Naturpark Serralada de Marina beginnt.

Der Rio Besòs ist übrigens sehr kurz: Er hat eine Länge von nur 17,7 Kilometern. Er entspringt in Aiguafreda und fließt dann entlang der Ortschaften La Garriga, Las Franquesas del Vallés, Canovelles, Montmeló, Mollet de Vallès und Llagosta nach Montcada i Reixac, wo der Radweg endet. Sein Wasserstand ist, wie bei vielen Flüssen in der Mittelmeerregion, sehr unbeständig.

Durch die Maßnahmen zur Rekultivierung des Flussbettes lassen sich hier mittlerweile mehr als 200 Vogelarten beobachten. Auch Freunde des Graffiti kommen nicht zu kurz: Besonders im Bereich entlang der Industriebauten bei Santa Coloma haben Sprayer den Backsteinwänden ihren Stempel aufgedrückt.

Adresse Parque Fluvial del Besòs, 08930 Sant Adrià de Besòs | **ÖPNV** Metro L 2, Haltestelle Verneda, mit dem Fahrrad am besten über den Radweg auf der Avenida Diagonal zu erreichen | **Tipp** Wer sich nicht allzu sehr verausgaben möchte, kann ein E-Bike mieten. Zum Beispiel bei www.ebike-barcelona.com zum Preis von 20 Euro für acht Stunden.

38 Die Farmacia Enrich

Ein Meisterstück modernistischer Architektur

Auf alte Apotheken sind deren Betreiber in Barcelona nicht nur stolz, meist werden sie mitsamt historischen Utensilien liebevoll gepflegt. Die Farmacia Enrich fällt durch ihre ungewöhnliche modernistische Fassade auf, die komplett aus Buntglas gestaltet wurde. Auf der rechten Seite ist das Emblem eines Mikroskops eingearbeitet, in der Mitte ein goldener Becher mit einer Schlange und links eine Destillierapparatur.

Die Apotheke wurde im Jahr 1902 gegründet, eine Plakette auf dem Bürgersteig vor dem Eingang erinnert an diese Gründung. Die Eingangstür fügt sich nahtlos in die Fensterfront ein und ist aus den gleichen schmiedeeisernen Elementen gearbeitet. Den Abschluss bildet eine Girlande, die sich über die ganze Front zieht. Zum Boden hin schließt ein Säulenfuß, der das Kopfsteinpflaster imitiert, das Ensemble ab.

Im Inneren sind die fein gearbeiteten, weiß gestrichenen Holzschränke erhalten, befüllt allerdings mit der Medizin von heute. Wem solche Apotheken gefallen, der wird in Barcelona noch einige weitere finden. Zum Beispiel die Farmacia A. Bolós an der Rambla Catalunya 77, die 1902 von Architekt Antoni Falguera i Sivilla gestaltet wurde. Die modernistischen Buntglasfenster sind perfekt erhalten und ebenso die Deckenmalereien und die antiken Arzneischränke im Inneren.

Die Farmacia Puigoriol an der Calle Mallorca 312 hat sogar noch alte Gaslampen. Die Gestaltung mit den geschwungenen Formen übernahm die Architektin Marià Pau, allein die ziselierten Eichenholztürrahmen und Schaufenstereinfassungen sind ein Meisterwerk.

Heute sind Apotheken in Barcelona an einem grün oder rot leuchtenden Kreuz zu erkennen. Warum einige Apotheken ein grünes, andere ein rotes haben, wissen die Apotheker selbst nicht. Der Einkauf lohnt sich übrigens: Fast alle Medikamente sind deutlich günstiger als in Deutschland.

Adresse Calle Muntaner 83, 08011 Barcelona, Eixample, Tel. 0034/934530879 | **ÖPNV** Metro L5, Haltestelle Hospital Clinic | **Öffnungszeiten** Mo–Fr 9–21 Uhr, Sa 9–14 Uhr | **Tipp** Solche und weitere Kleinode können dem Besucher auch Einheimische zeigen. Eine Agentur (www.toursbylocals.com) vermittelt sie.

39 Die Filmoteca

Eine Oase des Kulturfilms im kunterbunten Raval-Viertel

Bis vor Kurzem residierte die »Filmoteca«, wie sich das kommunale Kino in Barcelona nennt, noch in einem etwas entlegenen Kino nahe der Plaza Francesc Macià. Wenn man nicht pünktlich auf die Minute eintraf (zur Vorstellung klingelte es wie im Theater), wurden die Türen nicht mehr geöffnet. Dafür ist der Eintrittspreis mit vier Euro wesentlich günstiger als in normalen Kinos. Das neue Gebäude setzt, genau wie das Barcelo Raval Hotel, Akzente an der Rambla del Raval. Die Eröffnung des Hauses verzögerte sich, weil bei den Bauarbeiten, wie fast immer in der Altstadt, römische Mauerreste im Boden gefunden wurden.

Der Eingangsbereich ist schon fast eine Filmkulisse: An der Straße vor dem Kino warten leichte Mädchen auf Kundschaft, drinnen stehen die Kulturbeflissenen Schlange vor dem Ticketschalter. Es gibt zwei Säle, einer mit 180 Plätzen, der andere mit 375, eine Filmbuchhandlung und natürlich ein Filmcafé.

Das Programm ist vielseitig, und auch abseitige Geschmäcker werden, wie bei den meisten kommunalen Kinos, bedient. Es gibt Reihen bekannter Regisseure wie Pedro Almodovar, Festivals wie das »Bollywood-Kino« oder Einblicke in das Schaffen von unabhängigen Regisseuren aus den USA. Alle Streifen werden in der Originalversion gezeigt. Man sollte genau auf die Untertitelung achten – bei manchen Streifen ist sie spanisch, bei anderen Katalan. Am Donnerstag läuft die Reihe »Masterclass«, in der ein Regisseur ein Werk auswählt, bei der Vorführung dabei ist und anschließend eine Diskussionsrunde leitet.

Natürlich werden auch viele Klassiker gezeigt. Bei Stummfilmen sitzt ein Pianist am Klavier und »vertont« den Film so originalgetreu. Im Zuge des Neubaus der Filmoteca wurde auch der Internetauftritt renoviert. Der Kalender ist jetzt übersichtlich, allerdings noch ausschließlich auf Katalan. Eine spanische und eine englische Version der Seite sind jedoch geplant.

Adresse Filmoteca de Catalunya, Calle de Salvador Seguí 1, 08001 Barcelona, Raval, Tel. 0034/935671070, www.filmoteca.cat | ÖPNV Metro L 3, Haltestelle Liceu | Tipp Wer sich einen guten Film in der Originalversion lieber ausleihen will, sollte zur Videothek Septimoartedigital in der Calle Verdi 78 gehen (www.septimoartedigital.com).

40 Fondo

Ein Stadtteil, den niemand besichtigt

»Fondo« nennt sich die Endhaltestelle der roten Metrolinie M1. Touristen wagen sich meist nur bis Arc de Triomf vor, vielleicht einmal bis Glories. Wer bis Fondo fährt und dort aussteigt, wird sich kaum in Barcelona wähnen. Man sieht Chinesen, Pakistani, Sinti und Roma, Rumänen, Afrikaner, Latinos und Araber, aber wenig Katalanen. Insgesamt sind hier Menschen aus 74 Nationen vertreten, der Ausländeranteil liegt offiziell bei 40 Prozent.

Dass Fondo, zum Stadtteil Santa Coloma gehörend, abseits liegt, lässt sich auch daran ablesen, dass es hier keine Fahrräder des städtischen Anbieters Bicing gibt. Fondo ist ein relativ neues Viertel, die Wohnblocks mit Balkonen, die hier hochgezogen wurden, sind kaum älter als 20 oder 30 Jahre.

Natürlich gibt es viele »Orient-Bazare«, wie die Chinesen ihre Läden nennen, in denen sie alle möglichen Billigprodukte verkaufen, die nicht unbedingt aus China kommen müssen. In den Lebensmittelläden finden Asien-Fans alle möglichen Kräuter, Nüsse und Früchte, die man sonst vergeblich sucht. Handy-Läden mögen von außen heruntergekommen aussehen, aber drinnen stapeln sich die allerneuesten Modelle. In den Regalen der Videotheken steht der letzte Schrei des Bollywood-Kinos, im Imbiss nebenan gibt es Hühnchen aus dem Tandoori-Ofen für die Hälfte des Preises, den man in der Stadtmitte zahlt.

Sonntags versammeln sich am Platz neben der Metro-Station ältere Männer, die auf dem Mäuerchen eine Unzahl von winzigen Vogelkäfigen aufgebaut haben – anscheinend liebt man in Asien die Vogelhaltung.

Schwierig ist die Kommunikation, da viele Immigranten weder Spanisch noch Katalan können. So verkaufen sie ihre Waren oft nur an die Angehörigen ihrer Sprachkultur. Trotz aller Armut und der Überfüllung ist der Stadtteil erstaunlich sauber, und im Gegensatz zu den Banlieues in Paris herrscht hier himmlischer Frieden.

Adresse 08923 Santa Coloma de Gramenet | **ÖPNV** Metro L 1, Haltestelle Fondo | **Tipp** Casa Hernández am Plaza Reloj ist das älteste Geschäft im Viertel. Man verkauft Wurstwaren und hat nun auch eine Angestellte aus China, die die Chinesen aus der Nachbarschaft berät.

41 La Font del Gat

Eine Oase abseits von Lärm und Straßenverkehr

»Baixant de la font del Gat, una noia, una noia, baixant de la font del Gat, una noia amb un soldat«, heißt es auf einer Schrifttafel vor dem Restaurant. Übersetzt etwa: Zur Katzenquelle geht hinunter, ein Mädchen, ein Mädchen, zur Katzenquelle geht hinunter, ein Mädchen mit einem Soldaten. Das Lied ist eine Sardana, ein traditioneller katalanischer Volkstanz, der heute noch jeden Sonntag vor der Kathedrale im Kreise getanzt wird.

Das Restaurant Font del Gat ist eine Oase im Lärm der Großstadt. Inmitten von Palmen, Blumen und Bäumen fühlt man sich hier wie im Urlaub.

Traditionell war das Restaurant ein Ziel für die Sonntagsausflüge der Bewohner von Barcelona und auch ein Ziel für Verliebte, die in dem schattigen Hof neben der Katzenquelle turteln konnten. Der Hof schmiegt sich in eine Ausbuchtung des Berges und wird von einer steinernen Balustrade eingefasst. In einer Ecke liegt eine Grotte mit der Quelle, die im Moment aber leider nicht sprudelt.

Unter den weißen Sonnenschirmen werden interessante Gerichte aufgefahren, wie Tartar aus Avocado und Garnelen, Ravioli mit schwarzen Trüffeln und Sahne, konfierter Kabeljau mit Pilzen oder heißer Apfelkuchen mit Kakaocreme. Die Paella gibt es, wie in vielen Restaurants, nur für zwei Personen, da sie direkt aus der Pfanne serviert wird (20,25 Euro pro Person). Auf die Idee, kleine Pfannen für einzelne Bestellungen anzufertigen, ist in Spanien anscheinend noch niemand gekommen.

Ein Wermutstropfen bei dieser paradiesischen Lokalität ist jedoch der Service: Wie leider in vielen Restaurants in Barcelona der Fall, benehmen sich Kellner hier, als ob sie einen Strafdienst ableisten müssten. Wer »nur« einen Café bestellt, wird mit einer Miene bedacht, die an Tadel vom Schuldirektor denken lässt. Für romantische Verabredungen jedoch DER Tipp. Das Menú del Día ist hier die beste Option.

Adresse Paseo de Santa Madrona 28, 08038 Barcelona, Montjuïc, Tel. 0034/932890404, www.lafontdelgat.com | **ÖPNV** Metro L 1 und L 3, Haltestelle Plaza de España, von dort rund 10 Minuten Fußweg | **Öffnungszeiten** Di–So 13–16 Uhr, bis 18 Uhr Betrieb als Cafetería, im Sommer bis 20 Uhr, abends nur für Gruppen ab 15 Personen | **Tipp** Ein weiterer cooler Ort für ein kühles Bier ist die etwas versteckt liegende Bar »La Caseta« am Mirador del Migdia, von hier hat man einen guten Blick auf den Hafen.

42 Das Forte Piano

Ein Handwerksbetrieb für den guten Klang

Ob er auch spanische Klaviere restauriere? Jaume Barmona i Vives, einer der besten Klavierrestaurateure Barcelonas, lächelt leise bei dieser Frage. Es gibt in Spanien keine Klavierbauer mehr. »Die kommen alle aus Deutschland, die können das besser«, ist seine Antwort, mit einem leicht ironischen Unterton. Früher, erzählt er, in den 20er Jahren, habe es in Barcelona mehr als 15 Klavierbauer gegeben. Übrig geblieben ist kein einziger.

Barmona i Vives hat sein Handwerk bei den besten Häusern Europas vervollkommnet: Steinway & Sons, Bösendorfer, Schimmel, Blüthner, Fazioli, Pleyel-Rameau, Borgato, und er hat die Manufakturen in Frankreich, Deutschland und Österreich besucht.

Barmona i Vives ist Klavierrestaurateur mit Leib und Seele, eine Mischung aus Tischler und Musiker. Im »OP« in Gràcia (was übersetzt übrigens Anmut heißt!) stehen gerade ein altes Klavier und ein Pianola, an denen gearbeitet wird. Ein riesiger Bechstein-Flügel ist gerade fertig geworden.

Eine Klavierakustik ist nach 50 Jahren unbedingt renovierungsbedürftig, oft finden sich dann Risse in Boden und Stimmstock. Dies ist auch bedingt durch die trockene Luft in Wohnräumen. Bevor alte Flügel restauriert werden, fängt erst einmal die Suche nach dem geeigneten Holz an, denn manche Hölzer, die früher beim Klavierbau verarbeitet wurden, sind heute nur schwer erhältlich. Früher wurden für den Klavierbau Materialien einer derartig hohen Qualität verwendet, wie man sie heute nur noch selten findet.

Ein Klavier auseinanderzunehmen und jedes Teil fein säuberlich zu untersuchen, ist eine Fähigkeit, die erlernt sein will. Gerade aus den bürgerlichen Haushalten Barcelonas erhält Barmona i Vives viele Instrumente, die Erbstücke sind, aber seit Jahren nicht mehr gespielt wurden und eine Generalüberholung nötig haben. Aber auch die vielen Konzerthäuser der Stadt nehmen seine Dienste gern in Anspruch.

Adresse Calle de la Virtut 13a, 08012 Barcelona, Gràcia, Tel. 0034/932370787, www.fortepianotaller.com | **ÖPNV** Metro L3, Haltestelle Fontana | **Öffnungszeiten** Mo–Fr 9–12 Uhr und 16–19 Uhr | **Tipp** Klavierkonzerte berühmter Pianisten finden im Auditori statt, Calle de Lepant 150.

43 Die Frankfurt Bars

Die Barceloner lieben Frankfurter Würstchen

Die Schilder sind, wenn man offenen Auges durch die Straßen von Barcelona fährt, nicht zu übersehen: »Bar Frankfurt«, nach dem Stadtteil: »Frankfurt Sant Andreu«, nach persönlichem Musikgeschmack: »Calypso Frankfurt« oder ganz einfach: »Frankfurt« genannt. Gern auch mit dem falschen Apostroph, »Frankfurt's«. Hinter diesen Kneipenschildern verbergen sich Bars, Cafeterias oder Schnellrestaurants, die sich auf Kunden spezialisiert haben, die eine schnelle, sättigende Mahlzeit wollen. Das Frankfurter Würstchen, made in Barcelona, ist dabei nur eines von vielen Gerichten. Meist offerieren die Frankfurt Bars auch andere Bratwürstchen, Hamburger und sogenannte »Platos combinados«, wörtlich übersetzt »kombinierte Teller«, auf denen sich Pommes frites, Buletten, Eier und sonstiges Fast Food befinden.

»Frankfurt« ist der Oberbegriff, oder besser: der Inbegriff des katalanischen Fast Food. Und weil deutsche Kost in Barcelona immer mit traditionellem Germanentum verbunden wird, sind die Schriftzüge der »Frankfurt Bars« meist in Frakturschrift gehalten, durch Designer mehr oder weniger kreativ abgewandelt. Oft prangt sogar rechts und links zusätzlich ein bayerischer Löwe, der zwar wenig mit Frankfurt zu tun hat, aber aus spanischer Sicht gut dazu passt.

Seit 1989 gibt es die Wurstbar »Otto Sylt«, nicht weit von der Plaza Catalunya. »Unsere Renner sind die Frankfurter, die wir in vier Variationen anbieten, und die ›Bratwurst Munich‹, erzählt Betreiber Giuseppe Bello. Die klassische Frankfurter Wurst wird hier, wie überall in der Stadt, in ein Hot Dog Brötchen gesteckt, das vorher leicht getoastet wurde. Dazu sind Beilagen wie Sauerkraut (chucrut), geröstete Zwiebeln, Käse oder gebratener Schinkenspeck erhältlich. »Alle unsere Würste werden in Olivenöl frittiert, das unterscheidet sie wohl von deutschen Würsten.« Sogar Guacamole kann man sich zur »Frankfurt« bestellen, womit man die meisten deutschen Imbisse in kulinarischer Hinsicht links liegen lässt.

Adresse Otto Sylt, Gran Via de les Corts Catalanes 622, 08007 Barcelona, Eixample, Tel. 0034/934125168, www.angrup.com | **ÖPNV** Metro Linie L 2, L 3 und L 4, Haltestelle Paseo de Gràcia | **Öffnungszeiten** Mo–Do 7.30–1 Uhr, Fr, Sa 8.30–2 Uhr, So 11–1 Uhr | **Tipp** Ein Bummel über die nahe Rambla Catalunya bietet sich an: schöne Geschäfte und Cafés zum Sehen und Gesehenwerden

44 Die Freimaurer-Symbole

Viel Geschichte unter den Arkaden

Die Freimaurer sind noch immer eine mächtige Organisation, auch wenn kaum etwas nach außen dringt. Weltweit zählen sie etwa fünf Millionen Mitglieder. An der Fassade des altehrwürdigen Restaurants »7 Portes« zwischen Born und Barceloneta finden sich einige Hinweise darauf, dass sich hier einmal Freimaurer versammelten.

Das riesige Gebäude, das sich über einen ganzen Häuserblock erstreckt, soll, so wird gemunkelt, nach dem Grundriss des Tempels von König Salomon entworfen worden sein. Griechische Ziersäulen an allen Ecken deuten darauf hin, ebenso der rechteckige Grundriss. An den Säulen der Arkaden finden sich außerdem Ornamente, die auf freimaurerische Bräuche hinweisen. Etwa die Tierkreiszeichen und der griechische Gott Kronos, der Lord der Titanen. Jeder Eingang des Restaurants (es hat tatsächlich noch sieben Tore) ist mit dem Restaurantnamen verziert, geschrieben in verschiedenen Alphabeten.

Das Restaurant war seit seiner Eröffnung im Jahr 1836 Treffpunkt verschiedener Freimaurerorden. Als Beleg gelten der schwarzweiß geflieste Boden und ein Akazienzweig im Inneren des Gebäudes. Die Akazie ist für Freimaurer heilig.

Das Gebäude birgt jedoch noch weitere Kuriositäten. Es war das erste Haus in Barcelona, das über fließend Wasser verfügte, und ist auf dem ersten Foto, das jemals in Katalonien gemacht wurde, zu sehen. Erbaut wurde es von Josep Xifré i Cases (1777–1856), der ein Vermögen machte, indem er Zucker aus den Sklavenplantagen in Kuba in die Vereinigten Staaten exportierte. 1831 kehrte er zurück nach Barcelona, wo er sein Kapital in Banken und Immobilien anlegte. Das Gebäude und die Arkaden ringsherum zeugen von den Stationen seines Lebens. Es finden sich Trophäen, die von seinen Erfolgen in Amerika Zeugnis geben sollen, und ein Füllhorn, das von Goldmünzen überquillt, ein Sklavenkopf sowie Brustknochen, die mit Buchhalterkladden gefüllt sind.

Adresse Paseo d'Isabel II 14, 08003 Barcelona, Born | **ÖPNV** Metro L 4, Haltestelle Barceloneta | **Tipp** In der Cava-Bar »Can Paixano«, gleich um die Ecke (Calle Reina Cristina 7), gibt es Cava in Rot oder Weiß für einen Euro pro Glas. Entsprechend ist die Bar frequentiert.

45_Der Friedhof Montjuïc

Die »andere Seite« von Barcelona

Weil es in Barcelona wegen Platzmangel kaum Friedhöfe gibt, hat dieser Zentralfriedhof gigantische Ausmaße. Rund 150.000 (!) Gräber gibt es hier, verteilt auf circa 56 Hektar Fläche. Viele sind platzsparend im Schranksystem aufeinandergestapelt.

Eröffnet wurde die Anlage, die sich neben dem ehemaligen Steinbruch des Montjuïc befindet, im Jahr 1883. Architekt Leandre Albareda hatte eine Parkfläche im englischen Stil vor Augen, die sich nicht an strenge Grenzen halten sollte. Die fünf Meter hohe Mauer, vor der man als Besucher erst einmal steht, spricht allerdings eine andere Sprache.

Trotzdem hat die Anlage eine gewisse Ästhetik. Insgesamt herrscht ein Eklektizismus vor, der sich in den modernistischen Bauten der Stadt fortsetzt. Die Gräber schauen aufgrund der Hügellage fast alle auf das Meer, und die Pflanzenarrangements folgen dem Grundsatz von Leben und Tod, wie es der Botaniker Celestino Barallat in seinem Werk »Prinzipien der Friedhofsbotanik« einst beschrieb. Barallat war der Meinung, dass sich bestimmte Pflanzentypen besser zur Friedhofsgestaltung eignen als andere. Pflanzen mit Dornen beispielsweise sollten nicht angepflanzt werden, mit Ausnahme des Weißdorns, dem Symbol der Hoffnung. Dagegen finden sich reichlich Zypressen, die magischen Bäume der Kelten und die Ikonen der Wälder, Rasenflächen mit wenig Blumen, breite Streifen mit Efeu und schließlich die Weide, Symbol der Trauer.

Einige berühmte Persönlichkeiten sind hier bestattet: Dazu zählen der deutsche Brigadist Hans Beimler, Joan Gamper, der Gründer des FC Barcelona, der Maler Joan Miró, der Architekt Ildefons Cerdà und der Musiker Isaac Albéniz.

Engelsfiguren mit ausgebreiteten Flügeln scheinen sehr beliebt gewesen zu sein. Einige Mausoleen sind mit Marmorgewölben ausgestattet, mit Bronzezierrat und schmiedeeisernen Geländern. Bei ihren Toten sparte die Bourgeoisie nicht an Geld.

Adresse Cementiri de Montjuïc, Mare de Déu de Port 56–58, 08038 Barcelona, Montjuïc, Tel. 0034/934841999, www.cbsa.es | **ÖPNV** Bus 21, 23, 37, 107, 109 und 193, Haltestelle Cementiri de Montjuïc | **Öffnungszeiten** täglich 8–18 Uhr | **Tipp** Der einzige Friedhof in der Stadt ist der Friedhof Poblenou, Calle de Taulat 2. Er ist wesentlich kleiner, aber nicht uninteressant.

46 Der Funicular de Vallvidrera

Hinauf ins Bergdorf, Höhenluft schnuppern

Im Gegensatz zur Zahnradbahn, die den Tibidabo hinauffährt und fast nur Touristen befördert, wird die Zahnradbahn zum Bergdorf Vallvidrera beinahe ausschließlich von Einheimischen genutzt. So ist es auch zu erklären, dass sie mit einer normalen Netzkarte (zehn Fahrten zurzeit 9,25 Euro) zu benutzen ist, während die Bahn am Tibidabo fast das Zehnfache kostet. Die Zahnradbahn wurde schon im Jahr 1906 errichtet, um das Bergdorf mit Barcelona zu verbinden.

Seit 1998 ist der Betrieb automatisch; alle sechs Minuten fährt ein voll klimatisiertes Bähnchen 736 Meter steil bergauf. Fährt man morgens, trifft man meist auf einige lateinamerikanische Arbeitskräfte, Gärtner und Kindermädchen. In Vallvidrera angekommen, wähnt man sich kaum noch in der Nähe der hektischen Metropole. Der »Bahnhofsvorplatz« ist gesäumt von perfekt gepflegten Gründerzeitvillen mit Vorgärtchen, Rasenflächen und Erkern, die hier eine tolle Aussicht bieten. Der Bahnhof selbst ist auch ein Schmuckstück, gestaltet im modernistischen Stil mit nierenförmigen Fenstern.

Eine Tür führt von der Bahnhofshalle zur Aussichtsterrasse, die täglich von 9 Uhr bis 21 Uhr geöffnet ist. Nebenan blickt man zum besonders üppigen Garten einer alten Villa am Hang. Ab und an sieht man elegante Frauen im schwarzen Etuikleid auf den Straßen, die ihren dürren Jagdhund ausführen. Die Häuser haben fast alle Alarm- und Videogegensprechanlagen. Es gibt ein Kirchlein, einen Friseur, einige Cafés und ein ehemaliges Hotel, das jetzt als Seniorenheim genutzt wird. Kurzum, eigentlich keine echte Sehenswürdigkeit, aber gerade deshalb ein schöner Halbtagsausflug. Von Vallvidrera kann man außerdem gut zum benachbarten Tibidabo spazieren (rund 15 Minuten) oder den Höhenwanderweg Collserola entlangwandern, der wunderbare Panoramablicke auf Barcelona gewährt, beste Höhenluft inklusive.

Adresse 08017 Barcelona, Vallvidrera | **ÖPNV** Züge S1 und S2 von Plaza Catalunya, Haltestelle Peu del Funicular | **Tipp** Wem es hier oben gefällt, der kann im Berg-Hostel »inout« bei Vallvidrera unterkommen. In der Nebensaison kostet eine Übernachtung mit Frühstück nur 13 Euro pro Person (www.inoutalberg.com).

47_Die Gärten am Wasserturm

Gassi-Gänger und Kleinkinder, die im Pool planschen

Dieser »Garten« ist so schwer zu finden, dass kaum jemand hierherkommt, der nicht genau weiß, wo der Eingang liegt. Es ist ein schmiedeeisernes Tor in einem Wohnhaus, gestaltet von Robert Llimós, dekoriert mit wellenartigen Strukturen. Dann geht es durch einen langen dunklen Gang bis zu dem Innenhof und seinem Wasserturm in dem Häuserkarree. Während draußen der Verkehr tost, herrscht hier paradiesischer Frieden. Die Idee, die Häuserblocks im Eixample mit solch grünen Oasen auszustatten, hatte Stadtplaner Ildefons Cerdà, der das gesamte Eixample entwarf.

Cerdà lebte von 1815 bis 1876 und war seiner Zeit weit voraus. Er legte die Blocks alle genau auf die Maße 133 Meter mal 133 Meter fest. Die Straßen waren breit genug, um Fußgängern, Kutschen sowie Trambahnen, die von Pferden gezogen wurden, Platz zu bieten. Um die Bebauung aufzulockern, sollte nach Cerdàs Plänen jeder Block nur an zwei Seiten bebaut und die Innenhöfe alle mit Bäumen und Pflanzen begrünt werden.

Die Spekulation der Hausbesitzer machte Cerdàs Plänen jedoch bald einen Strich durch die Rechnung. Die Blocks wurden an allen vier Seiten bebaut, später kamen auf die Obergeschosse noch zusätzliche Dachgeschosse, und die eigentlich grünen Innenhöfe wurden mit Werkstätten und Garagen ihres Zweckes beraubt.

Deshalb ist der Garten am Wasserturm so etwas wie ein Freilichtmuseum. Um den alten Turm ist ein Wasserbassin angelegt, und Bänke stehen unter Jacarandabäumen, Seidenakazien, Tipubäumen, Dattelpalmen und immergrünen Magnolien.

Hier treffen sich Arbeitskollegen mit einem Sandwich und einer Wasserflasche zum Mittagsimbiss, Nachbarn gehen mit dem Hund Gassi, und Kinder spielen im Sand und im kühlen Nass.

Der runde Wasserturm wurde im Jahr 1870 von Josep Oriol Mestres und Antoni Darder errichtet und versorgte einmal die Nachbarschaft mit Trinkwasser.

Adresse Calle Roger de Llúria 56, 08009 Barcelona, Eixample | ÖPNV Metro L 4, Haltestelle Girona | Öffnungszeiten Jan., Feb., Nov., Dez. 10–18 Uhr, März, Okt. 10–19 Uhr, April, Sept. 10–20 Uhr, Mai, Juni, Juli, Aug. 10–21 Uhr | Tipp Ein weiterer »geheimer« Park, der Jardins de Rector Oliveras, befindet sich zwei Blocks weiter an der Ecke Calle Aragó und Calle Roger de Llúria.

48 Die Geister der Altstadt

Einen Geist kann man sogar fotografieren

Die engen Gassen des Barrio Gótico, die tagsüber von Heerscharen von Touristen bevölkert werden, sind nach Einbruch der Dunkelheit oft gespenstisch leer. Schummriges Licht fällt von Straßenlaternen herab, an manchen alten Palästen sind außen Totenköpfe angebracht. Der ideale Platz also für eine Geschäftsidee namens Ghost Tours.

Ty McGee, der Geisterführer, versammelt seine Truppe abends um 20.45 Uhr an der Travel Bar. Stilecht ist er in einen schwarzen Mantel gekleidet, hat einen schwarzen Zylinder auf und trägt eine rußende Petroleumlaterne. Geschwinden Schrittes geht er der Gruppe voran und macht sich ein Späßchen daraus, ab und zu hinter Mauervorsprüngen hervorzuspringen und »BUH« zu rufen und dann in verschreckte Mädchengesichter zu blicken. »Immer schön nach oben sehen«, ist sein Tipp für den Gang durch die Gassen. Denn oben an den Dachvorsprüngen der Kirchen und Paläste sind Wasserspeier, Geister und Dämonen angebracht. Diese, so erklärt der Experte, entwarfen die kirchlichen Architekten mit der Maßgabe, Furcht in der Bevölkerung zu säen. Die Frommen sollten in die Kirche gehen, um sich dort in der Gemeinschaft mit Priestern, Engeln und Gott höchstpersönlich in Sicherheit zu wähnen.

Auch historisch Interessierte profitieren von der Tour. So wird erklärt, wie die öffentlichen Hinrichtungen in Barcelona aussahen – in der »tragischen Woche« im Jahr 1909, als Anarchisten und Sozialisten zum Aufstand gegen die Zentralregierung in Madrid aufriefen, kamen über 100 Bürger ums Leben, 2.500 Katalanen wurden gefangen genommen, 17 von ihnen zum Tode verurteilt. Die Hinrichtungen fanden in der Kaserne Montjuïc statt.

Höhepunkt des abendlichen Rundganges ist der Stopp an der Plaza Sant Felip Neri, wo jeder Teilnehmer seinen Fotoapparat herausholen und die Geister, die dort herumschweben, mit Blitzlicht fotografieren kann …

Adresse Ghost Tours Barcelona, Treffpunkt Travel Bar, Calle Boqueria 27, 08002 Barcelona, Barrio Gótico, Tel. 0034/681221251, http://barcelonaghosttours.com | ÖPNV Metro L3, Haltestelle Liceu | Tipp Zum Aufwärmen nach der Geistersuche empfiehlt sich die stimmungsvolle Teestube Caj Chai in der Calle de Sant Domènec del Call 12 (www.cajchai.com).

49 Der Gitarrenbauer

Ein Handwerksbetrieb versteckt zwischen Touristenshops

Eigentlich bietet das Pueblo Español, das spanische Dorf, das zur Weltausstellung 1929 errichtet wurde, all das, was Touristen sich wünschen: die gesamte Architekturgeschichte Spaniens auf einer Länge von weniger als 250 Metern, spanische Köstlichkeiten zum Essen und Trinken und Souvenirs, einige sogar vor Ort hergestellt. Zwischen den ganzen Keramikfliesengeschäften, Postkartenläden und Schmuckgeschäften versteckt sich ein Handwerksbetrieb, der auf den ersten Blick gar nicht dazu passt: Juan Santiago Canals fertigt klassische spanische Gitarren. Der Argentinier hat das Handwerk des »Luthiers«, wie Gitarrenbauer auf Spanisch heißen, bei verschiedenen Meistern gelernt und produziert Konzertgitarren und Folkgitarren zusammen mit seiner Frau María Cecilia Saenz und einem Angestellten. Die fertigen Stücke hängen direkt über der Ladentheke.

Der große Unterschied zwischen einer »Guitarra de concierto«, einer Konzertgitarre, und einer »Guitarra de Estudio«, einer Folkgitarre, sind der Preis und das Material: Für eine Konzertgitarre verlangt Canals zwischen 2.200 Euro und 5.000 Euro, ihre Herstellung dauert in der Regel einen Monat. Nur beste Hölzer werden verwendet, und zum Schluss wird der Korpus neunmal mit einer biologischen Lasur versehen. Im Gegensatz dazu ist eine Folkgitarre mit einem Preis zwischen 370 Euro und 1.800 Euro recht günstig. Unter den Touristen, die in die Werkstatt hereinschauen, seien bisweilen auch Gitarrenspieler, manchmal sogar richtig berühmte, erzählt Canals. Sie würden dann die eine oder andere Gitarre ausprobieren, und wenn Canals Glück hat, verkauft er auch eine.

Alle Teile der Gitarren stammen aus Spanien, die Schrauben zum Anspannen der Saiten kommen sogar aus einer kleinen Manufaktur aus Barcelona namens Clavijeros Fusteros. Die Instrumente sind aus Nussbaum, Zypresse oder Zeder gefertigt, das helle Fichtenholz bezieht die Manufaktur aus Deutschland.

Adresse Santiago de Cecilia, Avenida Marqués de Comillas 13/Pueblo Español, 08038 Barcelona, Montjuïc, Tel. 0034/934235290, www.santiagodececilia.com | **ÖPNV** Metro L 1 und L 3, Haltestelle Plaza España | **Öffnungszeiten** Mo–Fr 10–14 Uhr und 16–20 Uhr | **Tipp** Noch eine interessante Werkstatt liegt gleich neben dem Gitarrenbauer. Ein Täschner fertigt hier Ledergürtel in vielen Variationen.

50 Gottes Hand

… sieht sehr menschlich aus

Das Kloster und die Pfarrkirche Sant Pau del Camp, zu Deutsch Sankt Peter vom Feld, könnte man sich gut in einer einsamen Berglandschaft vorstellen. Tatsächlich stand das um 900 nach Christus gebaute Kloster außerhalb der Stadtmauer des damaligen Barcelona. Gründer war der Graf Guifré-Borrell, dessen Grabstein an der linken Seite der Kirche unter der Vierung, also dem Zusammentreffen des Hauptschiffes und des Querschiffes, angebracht ist. Bis zur Plünderung durch die Truppen von Al-Mansur im Jahre 985 gibt es kein schriftliches Dokument über die Anlage. Im 13. Jahrhundert wurde die Kirche komplett renoviert. Während der Belagerung durch Napoleon von 1808 bis 1814 diente das Kloster als Krankenhaus für französische und später als Garnison für italienische Soldaten. 1879 wurde die Anlage zum nationalen Monument erklärt. Auch der großen Flut am 21. August 1981, bei der die Kirche zwei Meter tief unter Wasser stand, hielt das Gebäude stand. Ein Kuriosum ist die Darstellung der Hand Gottes, die gleich zweimal auftaucht: Eine wurde am Tympanon, der Fläche über dem Eingangsportal, in den Sandstein gearbeitet, die andere ist innen im Mosaikboden verewigt. Man muss unter eine Kirchenbank schauen, um sie zu finden.

Das Symbol der Hand Gottes mit zwei ausgestreckten Fingern wurde im Mittelalter oft gebraucht, um die göttliche Herrschaft zu versinnbildlichen. Es ist immer die rechte, im Volksglauben die stärkere Hand. Die Abbildung stellt wahrscheinlich eine Art Segnung dar – andere Darstellungen zeigen auch eine drohende Hand. Der Ursprung dieses Symbols liegt im hebräischen Wort »iad«, was gleichzeitig Hand und Macht bedeutet.

Es gibt noch viel zu betrachten, vor allem den wunderbaren Kreuzgang und die Kapitelle mit Löwen, Greifvögeln, Sirenen, sogar die Folter einer Frau zwischen zwei Kröten ist zu sehen. Die besinnlichen Orgeltöne stammen allerdings nicht vom Organisten, sondern von der CD.

Adresse Sant Pau del Camp, Calle de Sant Pau 101, 08001 Barcelona, Raval, http://webs.ono.com/santpaudelcamp/cas/monasterio.htm | ÖPNV Metro L 2 und L 3, Haltestelle Paral·lel | Öffnungszeiten Mo–Sa 10–13.30 Uhr und 16–19.30 Uhr | Tipp Eine der berühmtesten Tapasbars der Stadt ist ganz in der Nähe: Quimet I Quimet in der Calle del Poeta Cabanyes 25.

51_Der Hamam

Wasserkuren nach arabischer Art

Wer schon einmal im Januar oder Februar in Barcelona war, kennt die beklemmende Kälte, die durch alle Ritzen zieht – und dies im wortwörtlichen Sinne, denn die Häuser sind meist sehr schlecht isoliert. Türen von Restaurants oder Bars bleiben trotz der Kälte oft offen stehen, denn drinnen hat man sowieso keine Heizung. Dies ist bei Temperaturen von drei oder vier Grad über Null nur etwas für abgehärtete Naturen. Wie schön, dass eine Lücke im Angebot der Stadt geschlossen wurde und die Altstadt jetzt über ein waschechtes Hamam verfügt!

Immerhin waren die Araber über acht Jahrhunderte auf der Iberischen Halbinsel und brachten einiges Nützliche mit. In unmittelbarer Nachbarschaft der Markthalle des Born restaurierten die heutigen Betreiber ein ehemaliges arabisches Bad, das zwischenzeitlich auch als Warenlager für den Markt gedient hatte. Auf den ersten Blick verwirrt die Vielzahl der Wasserbecken, die türkis beleuchtet sind und einen angenehmen Kontrast zu den rötlichen Ziegelsteinwänden bilden. Einige Elemente des alten Bades sind effektvoll in Szene gesetzt.

Die Wasserkur hat System und wird vom Bademeister zu Anfang genau erklärt. Nach dem Duschen geht es zum Aufwärmen in das große Becken. Dann ist der Hamam an der Reihe, wo man sich mit einer Blechschüssel Wasser über den Kopf gießt und gleichzeitig die aromatisierte feucht-heiße Luft einatmet.

Dann bittet die Masseurin zur Behandlung, der Körper kann auf angewärmtem Marmor mit Aromaölen perfekt entspannen.

Zum Abschluss warten Whirlpools sowie Temperaturbecken mit kaltem, warmem und heißem Wasser auf die Besucher. Genial ist ein Becken mit warmem, hoch konzentriertem Salzwasser, in dem man wie schwerelos schwebt.

Im Preis enthalten ist Tee aus frischer Minze. Angenehmer kann man sich die kalten Tage in Barcelona nicht versüßen.

Adresse Aire de Barcelona, Paseo de Picasso 22, 08003 Barcelona, Born, Tel. 0034/932955743, www.airedebarcelona.com | ÖPNV Metro L 1, Haltestelle Arc de Triomf | Öffnungszeiten täglich 10–1.30 Uhr | Tipp Wer nur in eine ganz gewöhnliche Sauna gehen will, findet eine im Spazio Wellness im Hotel Diagonal Zero an der Avenida Diagonal 0 (www.hoteldiagonalzero.com).

52 Die Handleserin

Vergangenheit, Gegenwart und Zukunft für 23 Euro

»Lectura de Manos«, steht auf einem auffälligen Schild eines kleinen Ladens direkt neben dem Corte Ingles geschrieben. Sani heißt die Seherin, und sie kann natürlich auch die Tarot-Karten lesen, verkauft Talismane, Kristalle, Räucherstäbchen, Traumfänger und magische Kerzen. Und – wahrscheinlich wegen der Nachfrage von Pechvögeln – auch Brustbeutel und abschließbare Hüfttaschen für Geld und Dokumente.

»Liebe, Gesundheit, Arbeit, Geschäfte, Geld«, verspricht ein weiteres Schild und verkündet: »25 Jahre Erfahrung bürgen für uns.« Das Ganze wirkt verstaubt, etwas unprofessionell und improvisiert, und zudem antiquiert. Wenn man das Geschäft betritt und nach einer Handlesung fragt, wird erst einmal kassiert. Schließlich muss man für positive und negative Lesungen den gleichen Preis bezahlen.

Ist die Summe beglichen, hängt Cecilia, so der echte Name der Seherin, das »Geschlossen«-Schild in die Ladentür und führt den Kunden in einen benachbarten, noch kleineren Laden. Dort stehen ein kleiner Tisch mit einer Schreibtischlampe und zwei Stühle. Dann heißt es: Hände auf den Tisch!

Die Kindheit, die vergangenen Liebesbeziehungen, die Probleme mit der Gesundheit, die künftigen Wohnorte – alles kommt zur Sprache, und tatsächlich stimmt auch noch fast alles. Die Herzlinie, die Kopflinie, die Lebenslinie, die Schicksalslinie – Cecilia kann aus allem lesen wie aus einem Buch: Sind die Finger länger als die Handinnenfläche, gehören sie einem sehr kopfbezogenen Menschen, ist es andersherum, werden Entscheidungen eher emotional gefällt. Auch ob jemand fleißig oder eher faul ist, ob geradlinig oder wechselhaft, kann Cecilia an den Handlinien sehen. Woher sie diese Fähigkeit hat? Sie habe dies studiert, antwortet sie nur vage. Cecilia spricht zwar auch Englisch, weit besser kann sie sich jedoch auf Spanisch ausdrücken.

Adresse Sani, Calle Fontanella 10, 08010 Barcelona, Eixample, Tel. 0034/699416143 | **ÖPNV** Metro L1, L2 und L3, Haltestelle Plaza Catalunya | **Öffnungszeiten** täglich 10.30–20 Uhr | **Tipp** Frisch gepresste Fruchtsäfte und vegane Mahlzeiten gibt es im poppigen Juicy Jones, Calle de l'Hospital 74.

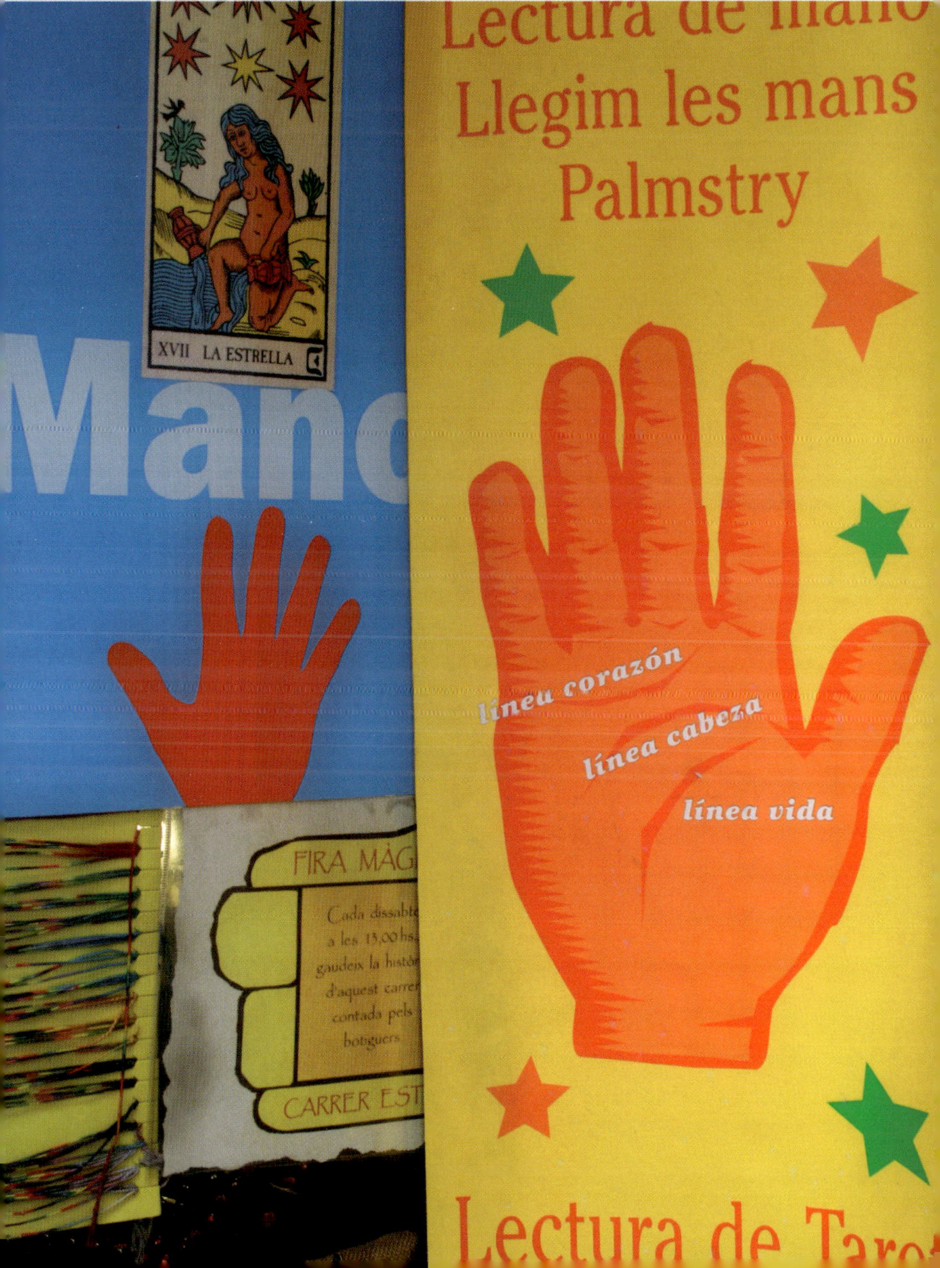

53 Das Hanfmuseum

Zwei in einem: Architekturhighlight und Museum

Die quirlige Calle Ample war im Mittelalter die Hauptstraße von Barcelona. Hier bauten die Reichen und Mächtigen ihre Stadtpaläste, was sich an den pompösen Eintrittstoren noch heute erkennen lässt. Der Palau Mornau, gebaut im frühen 14. Jahrhundert, ist einer dieser Paläste. Ein holländischer Investor, der auch in Amsterdam ein Hanfmuseum betreibt, renovierte das Gebäude aufwendig und installierte das Hanfmuseum. Allein schon die Besichtigung der hohen Hallen mit verzierten Holzdecken, farbigen Bleiglasfenstern, Art-déco-Kaminen, Wandgemälden, fein ziselierten Holzschnitzarbeiten und jeder Menge Stuck lohnt das Eintrittsgeld. Die Ausstellung, die alle Facetten der Hanfverarbeitung und seiner Geschichte zeigt, macht deutlich, welche Bedeutung Hanf einmal hatte. »Ohne Hanf wäre Amerika nicht entdeckt worden, und auch der christliche Glauben hätte sich nicht verbreitet«, ist zu lesen. Kolumbus segelte nämlich mit Schiffen, deren Segel aus Hanftuch waren, nach Amerika – deswegen ist übrigens auch die Kolumbusstatue am Ende der Ramblas mit meterlangen Hanfornamenten geschmückt. Und die Bibel wurde in frühen Zeiten auf Hanfpapier gedruckt. Beides sind heute Seltenheiten, doch die Befürworter des Hanfanbaus sagen der Pflanze eine große Zukunft voraus.

Weiterhin gibt es eine hochinteressante Sammlung historischer Hanfpfeifen, teilweise aus Menschenknochen gefertigt, und es sind Gemälde mit Motiven des Haschgenusses zu sehen. Wer weiß schon, dass sich in der Pfeife von Popeye nicht Spinat, sondern Marihuana befand?

Ein Raum widmet sich den verschiedenen Produkten, die aus Hanf hergestellt werden können, zum Beispiel Turnschuhe, Frisbeescheiben, Seife oder Seile. Sogar BMW, Mercedes-Benz und Bugatti nutzen neuerdings Hanf für die Innenpaneele ihrer Autos, eine Technik, die Henry Ford schon 1941 einführen wollte.

Hanf – grünes Gold oder Teufelskraut?

Adresse Hash Marihuana & Hemp Museum, Calle Ample 35, 08002 Barcelona, Barrio Gótico, Tel. 0039/933197539, www.hempmuseumgallery.com | ÖPNV Metro L4, Haltestelle Jaume I | Öffnungszeiten täglich 10–23 Uhr | Tipp Die Kassiererin gibt gern Auskunft über einen gewissen »La Maria Club« in der gleichen Straße, in der Freunde der Marihuanapfeife sich treffen. Marihuana ist in Spanien legal – und in der Altstadt an jeder Straßenecke erhältlich.

54 Die Hauslobby

Die Visitenkarte jedes Hauses ist das Eingangsfoyer

Wer schon einmal in Spanien eine Person zu Hause besuchen wollte, kennt das Malheur: An den Klingelbrettern der Mietshäuser stehen fast nie Namen. Man muss schon wissen, welche Wohnungsnummer der Gesuchte hat. »4° 3° izq« bezeichnet zum Beispiel die dritte Wohnung links im 4. Stockwerk. Atico heißt Dachgeschoss, und der erste Stock heißt meist Entresuelo. Dadurch verschiebt sich die Nummerierung der Stockwerke um eine Etage nach oben. Bei so viel Verwirrung kann man froh sein, wenn das Haus sich eine Porteria leistet, also eine Concierge. Diese sitzt meist in einem Kabuff neben dem Aufzug und kontrolliert jeden, der ins Haus will. Nebenbei verteilt sie in der Regel auch die Post und ist für den Hausmüll zuständig.

Die bürgerlichen Mietshäuser im Eixample haben recht großzügige Foyers, die mit Design und Ausstattung auf Wohnzimmer gemacht sind. Sie sind bestückt mit Sofas, Stehlampen, gold gerahmten Spiegeln, Grünpflanzen, und einem altmodischen Aufzug im Metallkäfig. Typischerweise hängen Bilder aus Katalonien an den Wänden.

In dem Haus an der Via Augusta, das in den 70er Jahren errichtet wurde, wollte Antoni Moragas ein modernes Eintrittsfoyer schaffen, was ihm augenscheinlich gelungen ist. Moragas, der von 1913 bis 1985 lebte, war ein innovativer Architekt und Führer der katalanischen Architektenbewegung. Sein Fokus lag auf der urbanen Entwicklung Barcelonas, er gestaltete viele Wohnblöcke und Gemeindezentren. Auch zwei Kinos wurden nach seinen Entwürfen gebaut: das Kino Minerva und das Kino Liceo.

An der Via Augusta stellte er Naturholz, Beton und farbenfrohe Keramikfliesen zu einem höchst harmonischen Ensemble zusammen. Die Briefkästen sind alle nummeriert und haben auch Namensschilder, an der linken Seiten hat die Porteria einen geräumigen Tresen.

Adresse Via Augusta 128, 08006 Barcelona, Sant Gervasi | **ÖPNV** Metro FGC L 6, Haltestelle Sant Gervasi | **Tipp** Wenn man die Via Augusta etwas höher hinaufgeht, kommt man an der Hausnummer 240 zur Villa Mayfair, einer traditionell englischen Villa.

55_Die Herboristeria del Rei

Dustin Hoffmann stand hier schon hinter der Theke

Wer den Film »Das Parfum« aus dem Jahr 2006 gesehen hat, wird den Laden schnell wiedererkennen. Hier stand kein Geringerer als Dustin Hoffman hinter der Theke, der den abgehalfterten italienischen Parfümeur Giuseppe Baldini spielte, dem kein verführender Duft mehr gelang. Große Teile des »Parfum« wurden übrigens in der Altstadt von Barcelona gedreht, die dazu kaum verändert werden musste, um die Kulisse für die stinkenden Gassen von Grasse zu bilden.

Die »Kräuterhandlung des Königs«, wie die Herboristeria auf Deutsch heißt, wurde im Jahr 1818 gegründet und zählt zu den ältesten erhaltenen Geschäften des Barrio Gótico. Sie war damals die erste Kräuterhandlung in einem festen Ladengeschäft. Die Innenausstattung stammt aus Zeiten der Königin Isabella II. und wurde vom bekannten Theater-Ausstatter Francesc Soler i Rovirosa entworfen. Königin Isabella verlieh dem Laden damals den noblen Titel »Lieferant des königlichen Hauses«.

In der Mitte steht, drapiert über einem marmornen Wasserbecken, die Büste des schwedischen Botanikers Carl von Linné, dem eine umfangreiche Klassifikation von Heilpflanzen zu verdanken ist. Viele Besucher verwechselten die Büste mit Karl III., König von Spanien, der auch eine Perücke trug. Das Wasserbecken diente übrigens vor Zeiten zur Aufbewahrung von Blutegeln, mit denen damals der Blutdruck von Patienten auf »natürliche« Weise gesenkt wurde.

Heute verkauft die Herboristeria 200 verschiedene Kräuter, Tees und Naturprodukte wie Honig aus Katalonien. Auch Spezialitäten wie Gelée Royale, Bachblüten und Naturkosmetik sind in den uralten Regalen aufgebaut. Trinitat Sabatés, die den Laden mit ihrem Partner betreibt, kann aus Altersgründen nur noch nachmittags öffnen. Doch dann erwartet den Kunden eine sehr freundliche und fachkundige Beratung.

Adresse Calle Vidre 1, 08002 Barcelona, Barrio Gótico, Tel. 0034/933180512, www.herboristeriadelrei.com | **ÖPNV** Metro L 3, Haltestelle Liceu | **Öffnungszeiten** Di–Fr 16–20 Uhr, Sa 10–20 Uhr | **Tipp** Koch-Workshops mit Gerichten aus der spanischen Küche veranstaltet Yves Nicolier in seiner Wohnung mit Dachterrasse (Panoramablick) in Esplugues de Llobregat (www.pegbcn.com). Das Ganze auf Deutsch!

56 Das Hostal La Paloma

Diskretion ist hier oberstes Gebot

Auf den ersten Blick wirken die Zimmer wie in anderen Zwei-Sterne-Hotels auch: ein Doppelbett, Fernseher, Bad mit Badewanne. Doch das La Paloma ist ein sehr spezielles Hotel. Hier checkt niemand allein ein, denn »La Paloma« ist ein Ort für Pärchen, die einen gemütlichen und diskreten Ort brauchen, um Liebe zu machen. Deshalb hat der Portier hier auch ein Headphone. Das braucht er, um zu wissen, ob »die Luft rein« ist. Denn wenn er ein Pärchen zu seinem Zimmer begleitet, ist auf diese Art und Weise sichergestellt, dass man unterwegs keinem anderen Gast begegnet. So viel zum Thema Treue unter den Paaren in Barcelona …

Im Parkhaus nebenan kann man sein Auto für drei Euro parken, und selbst dort ist für Diskretion gesorgt: Auf Wunsch werden die Nummernschilder der Autos der Gäste verhängt! Die Fernsehgeräte auf den Zimmern haben Kanäle in allen Sprachen, natürlich auch die sogenannten »Kanäle für Erwachsene«. Für ein Zimmer zahlt man 42 Euro und kann dann so lange darin bleiben, wie man möchte. Checkt man aber einmal aus, ist das Zimmer verfallen. Dinge wie Schampus, Massageöl oder Kondome muss man selbst mitbringen.

Entstanden sind die Love Hotels, früher auch »Möblierte« genannt, in den 30er Jahren. Ihren großen Boom hatten sie in den 60ern und 70ern, und bis vor fünf Jahren war Barcelona die einzige spanische Stadt, die über solche Hotels verfügte. Weil die billigen Pensionen im Raval nach und nach geschlossen wurden, eroberten sich die neuen Love Hotels mit Designerambiente ihr Publikum. Dazu zählen Disco-Bekanntschaften, die sich zu später Stunde einen intimen Ort auswählen, junge Paare, die noch bei den Eltern wohnen, Ehepartner, die eine Abwechslung brauchen, und Studenten, die mal aus dem Wohnheim herauskommen wollen. Direkt neben dem La Paloma befindet sich übrigens Barcelonas ältester Ballsaal mit dem gleichen Namen. Er wurde wegen Geräuschbelästigung vor einigen Jahren geschlossen.

Adresse Calle La Paloma 24/26, 08001 Barcelona, Sant Antoni, Tel. 0034/934124381, www.hlapaloma.com | **ÖPNV** Metro L 1, Haltestelle Universitat | **Tipp** Weitere Love Hotels, falls dieses hier ausgebucht ist, sind: La Fransa, La França Xica 40, 08004 Barcelona, Tel. 0034/934231417, www.lafransa.com und HRegas, Calle de Regàs 10–12, 08006 Barcelona, Tel. 0034/932380092, www.hregas.com.

57_Das Hotel Peninsular

Location für alle, die das alte Barcelona vermissen

Nein, mit der Luxushotelkette »The Peninsular«, die unter anderem in New York und Bangkok Hotels betreibt, hat dieses Hotel nichts zu tun. Es liegt eher am anderen Ende der Skala – ein Stern schmückt dieses alte, mitten im Raval gelegene Haus. Natürlich kann man in Barcelona in tollen Designhotels wie dem W, dem Hotel Omm oder Casa Camper nächtigen. Auch gibt es stilvoll restaurierte Altstadtpaläste wie das H 1898, ebenfalls im Raval, mit spektakulärem Swimmingpool auf dem Dach.

Das »Peninsular« hat sich in den letzten 30 Jahren wohl kaum verändert, bis auf den WLAN-Empfang in der Lobby. Originalton Hotelprospekt: »Das Hotel Peninsular ist für Reisende gedacht, die eine Unterkunft mit dem Charme suchen.« Charmant ist vor allem der Innenhof, ein typisch spanischer Lichthof, von dem man hoch zu den Brüstungen blickt, hinter denen die Zimmer liegen. Er ist über und über mit Grünpflanzen behangen.

Früher war das Haus ein Kloster der Augustinermönche, bevor man es im Jahr 1876 zum Hotel umwandelte. Es gibt noch einen Tunnel, der das Gebäude mit der nahe gelegenen Kirche Sant Agustí verbindet. Die Zimmer sind ohne Fenster, nur mit Lüftungsklappen, und etwas muffig. Es riecht nach Kernseife, mit der die Putzfrau jeden Morgen die Steinböden schrubbt. Die Betten erinnern an Knastbetten, sind aber sauber. Die Räume haben Heizung, Klimaanlage und Telefon. Manche Gäste berichten von üblen Gerüchen, die aus dem Badezimmer kommen, was in einem Haus dieses Alters allerdings keine Seltenheit ist. Die Lage im Stadtteil Raval ist nicht jedermanns Geschmack: Nur wenige Schritte entfernt ist der Straßenstrich, der von vielen aggressiven Afrikanerinnen besetzt ist.

Der Preis spricht jedoch für sich: Ein Doppelzimmer mit Frühstück kostet 78 Euro und dürfte damit in dieser Lage kaum zu unterbieten sein. Wenn man ein Dreierzimmer nimmt, wird es sogar noch günstiger.

Adresse Calle Sant Pau 34, 08001 Barcelona, Raval, Tel. 0034/933023138, www.hotelpeninsular.net | ÖPNV Metro L3, Haltestelle Liceu | Tipp Wer außerhalb von Barcelona in einer Casa Rural in einem kleinen Dorf übernachten möchte, sollte sich bei www.kalonien.de umschauen. Die Agentur hat einen deutschen Inhaber.

58_Jardín Jaume Viçens i Vives

Abstellgleis für Tierskulpturen

Das obere Ende der Diagonal ist ein Ort, an dem man nur wenige Touristen trifft. Hierher kommen eher Studenten der Universität, Büroangestellte, Bedienstete der Privatkliniken und Privatschulen der Umgebung. Man trifft sich entweder zum Kaffee in einer der vielen Bars, oder man setzt sich auf die grün gestrichenen Bänke im Garten Jaume Viçens i Vives. Die sind alle im Quadrat aufgestellt, was anscheinend dem Kommunikationsbedürfnis der Barceloner entgegenkommt. Eingeschlossen ist das Gärtchen, das man mit wenigen Schritten durchlaufen hat, von Büros, einem Kindergarten, einer Sprachschule und einem Restaurant namens »Goulash«, das aber eher den Anschein einer Mensa erweckt. Wenn man hochblickt, fällt die rotierende Scheibe im Dachgeschoss der Caixa-Bank auf, ein unkonventioneller Werbegag, der gut zum avantgardistischen Image der Bank passt.

Der Park selbst macht den Anschein einer Abstellfläche für Tierfiguren, die man bei allen möglichen Künstlern in Auftrag gegeben hat, ohne ein Konzept für das Gesamtbild zu haben. Gleich am Eingang steht eine Gruppe steinerner Wölfe, die gerade einen Elch gerissen hat und ihn verspeist. Es folgen äsende Rehkitze, Wildschweine, röhrende Hirsche, Gazellen und Hunde. Eine nähere Betrachtung lohnt sich durchaus, man meint dabei die unterschiedlichen Temperamente der Tiere zu erkennen. Die meisten Skulpturen sind aus Metall, es gibt aber auch in Stein geschlagene Figuren, manche sind aus Marmor oder aus Gips. Ein einheitlicher Stil fehlt, jeder Bildhauer ist wahrscheinlich seinem eigenen Geschmack gefolgt. Vandalen haben vielen Figuren Ohren abgerissen, Geweihe demoliert oder Füße abgebrochen, sodass der Tier-Garten bei näherer Betrachtung einen bemitleidenswerten Eindruck macht. Einer sonst in Barcelona kaum anzutreffenden Spezies scheint der Garten jedoch zu gefallen: Die Grillen zirpen hier im Sommer so schön wie in der Provence.

Adresse Avenida Diagonal 629, 08028 Barcelona, Les Corts | **ÖPNV** Metro L 3, Haltestelle Zona Universitària | **Tipp** Für ein schickes Essen einen Tisch im Restaurant »Nuba« schräg gegenüber reservieren (www.nubabcn.com) – ein Treffpunkt der beautiful people von Barcelona.

59_Jardin Petra Kelly

Wenig Park, aber tolle Ausblicke vom Montjuïc

Eine »uncharakteristische Grünanlage« sei der »Tres Pins« Baumgarten am Montjuïc, heißt es in seiner offiziellen Beschreibung. Das kann man so sagen, genauer gesagt ist der »Jardin Petra Kelly« aber ein erweiterter Grünstreifen in der städtischen Baumschule im oberen Bereich des Montjuïc. Angelegt wurde er am »Earth Day« im Jahr 1993. Unter einem Kirschbaum, Petra Kellys Lieblingsbaum, findet sich eine kleine Terrakottaskulptur, die eine Frauenfigur zeigt, die die Erde umarmt. Das hätte dem engagierten Gründungsmitglied der »Grünen« sicher gefallen. Nicht weit entfernt gibt es ein weiteres steinernes Denkmal; es ist Joseph Beuys gewidmet, der ebenfalls ökologische Prinzipien in seine Arbeit integrierte. Hinter dem Denkmal steht eine Eiche und daneben einer der wertvollsten Bäume der Baumschule: ein rund 500 Jahre altes Immergrün namens Melaleuca Nesophila.

Die Funktion des Tres Pins Baumgartens ist es, sämtliche Grünanlagen und Parks von Barcelona mit Grün zu versorgen. Deswegen ist er terrassenartig angelegt und vollgestellt mit Setzlingen junger Bäume, Stauden und Sträucher. Rund 225.000 Pflanzen werden hier pro Jahr gesät, das Angebot reicht von japanischem Pittosporum, Crassula, Efeu und Wildspargel bis zu japanischem Liguster. Dutzende von Blumentöpfen reihen sich in speziellen Wasserbecken. Auch neue Pflanzenarten werden hier erforscht: Zurzeit experimentiert man mit einer Grassorte, die wenig Wasser benötigt, und mit Rosenbüschen, die sich dem Stadtklima anpassen. Weil bei dieser Arbeit naturgemäß ein hoher Wasserverbrauch auftritt, implementierte man hier nachhaltige Wasserversorgung durch Grundwasser – ganz im Sinne von Petra Kelly.

Der Tres Pins Baumgarten hat übrigens Historie: Schon am Anfang des 20. Jahrhunderts versammelten sich hier Familien aus Barcelona, um einen Tag in der Natur zu verbringen – wunderbare Panoramablicke über das Häusermeer der Stadt inklusive.

Adresse Avenida de Miramar s/n, 08038 Barcelona, Montjuïc | ÖPNV Bus 55 ab Plaza Catalunya, Haltestelle Santa Madrona | Öffnungszeiten täglich 10 Uhr bis Sonnenuntergang | Tipp Ein echter Sinnesrausch ist ein abendlicher Spaziergang durch die Parks des Montjuïc in den Sommermonaten Mai, Juni und Juli – dann duften Dutzende von blühenden Bäumen und Sträuchern.

60_Kagyu Samye Dzong

Ein buddhistischer Tempel inmitten einer Wohnstraße

Ziemlich versteckt am oberen Ende eines steilen Sträßchens liegt der wichtigste buddhistische Tempel Spaniens. Er wurde im Jahr 1977 von seiner Heiligkeit dem 16. Gyalwa Karmapa gegründet. Hier ist Platz für Meditation, und natürlich sollen die Lehren Buddhas verbreitet werden. Das Zentrum gehört einer tibetanischen Bruderschaft, Karma Kagyu. Der offizielle Name ist Karma Lodrö Gyamtso Ling, was so viel bedeutet wie »Platz des erleuchteten Geschehens, an dem ein Ozean der Intelligenz existiert«. Vor dem eigentlichen Tempel befindet sich ein Laden, in dem man Bücher, Weihrauch, Figuren, Kleidung und andere Utensilien kaufen kann.

Zurzeit beschäftigt die Mitglieder des Zentrums der Neubau eines Tempels in Valldoreix, einem Vorort, weil das Zentrum in Barcelona zu klein geworden ist. Karma Kagyu gehört zur Fundación Rokpa, was man mit »Hilfe« übersetzen kann. Und dies ist durchaus wörtlich zu nehmen – man unterstützt sanitäre und bildungspolitische Initiativen in Tibet und anderen Ländern.

Mittwochs um 19.30 Uhr gibt es eine Einführung in die buddhistische Meditation, um inneren Frieden zu finden, Konflikte zu lösen und die Beziehungen zu anderen Menschen zu verbessern. Von Zeit zu Zeit besuchen Lamas aus Tibet das Zentrum, um Kurse in buddhistischer Philosophie und Meditation zu geben. Andere Kurse beschäftigen sich mit dem Buddhismus in Indien, der sich um die sieben Punkte der mentalen Stimulation rankt.

Das Zentrum organisiert außerdem Yoga-Kurse, Filmvorführungen, verschiedene Therapien und spirituelle Aufenthalte in der Bergwelt Kataloniens. Diese Retreats sind sowohl für Anfänger gedacht als auch für Buddhisten, die sich für ein Leben als Mönch entschieden haben. Obwohl Menschen aus vielen verschiedenen Ländern hier zusammenkommen – die gemeinsame Sprache ist Spanisch. Jeder ist hier willkommen, Schuhe ausziehen ist aber Pflicht.

Adresse Rambla de la Montaña 97, 08041 Barcelona, Horta / Guinardó, Tel. 0034 / 934362626, www.samye.es | **ÖPNV** Metro L 4, L 5, Haltestelle Maragall | **Öffnungszeiten** Di – Do 18 – 20 Uhr | **Tipp** Ein idyllisch gelegenes buddhistisches Zentrum befindet sich mitten im Naturpark Garraf bei Sitges, südlich von Barcelona. Es heißt Sakya Tashi Ling und ist im Internet unter www.monjesbudistas.org zu finden.

61 Der Kaktusgarten

Ein unentdecktes Kleinod stacheliger Schönheiten

Der Montjuïc ist die grüne Lunge Barcelonas, und so konzentrieren sich fast alle Parkanlagen an dem Hausberg Barcelonas. Der Kaktusgarten liegt etwas versteckt hinter dem Hotel Miramar, vielleicht ist er deshalb noch recht unbekannt. Dabei wurde er bereits im Jahr 1970 angelegt und nach Miquel Costa i Llobera, einem Poeten aus Mallorca, benannt. Sein Gründer war der damalige Direktor der Gartenbauschule von Barcelona und katalanische Kaktologe Joan Pañella Bonastre. Er war der Namensgeber für die Opuntie Pañellana.

Mehr als 800 Kakteenarten aus Afrika, Australien und Amerika wachsen auf dem felsigen Boden an der Ostseite des Berges. Der Park ist viel größer, als es auf den ersten Blick aussieht! Wege schlängeln sich durch die Anlage. Hier sind Kakteen in allen erdenklichen Formen vertreten, von rund über birnenförmig bis schlauchförmig, selbst Kakteenkandelaber sind zu sehen. Manche wirken wie Eier, die ein Dinosaurier abgelegt hat, es gibt sogar Palmen, aus denen Kakteen herauswachsen! Manchmal ziehen sich feine Spinnennetze von einer Pflanze zur anderen. Dazwischen stehen einige tropische Büsche und Bäume: Dazu zählen der Ficus, die Whiteflower Krajong, die australische Silbereiche, der Karob-Baum und der Bauhinia Grandiflora. Die älteste Pflanze ist der Oreocereus neocelsianus mit mehr als 200 Jahren.

Die Temperatur liegt hier im Durchschnitt rund zwei Grad höher als in der Stadt, was das Gedeihen der Wüstenpflanzen fördert. Beim Spaziergang durch den Park geben die Kakteenfamilien, ergänzt durch die phantastische Aussicht über den Kreuzfahrtschiffhafen, ein exotisches Panorama ab. An »guten« Tagen ankern hier drei Ungetüme gleichzeitig, mit Kapazitäten für je 3.000 bis 4.000 Passagiere! Am südlichen Ende des Parks warten ein paar Bänke unter einer weinumrankten Pergola auf Besucher. Hunde sind übrigens im Park nicht erlaubt.

Adresse Jardines Mossèn Costa i Llobera, Eingang an der Carretera de Miramar, 08038 Barcelona, Montjuïc | ÖPNV Metro L 2 und L 3, Haltestelle Paral.lel, von dort mit dem Funicular bis Miramar | Öffnungszeiten täglich 10 Uhr bis Sonnenuntergang | Tipp Für Pflanzenliebhaber ist auch der botanische Garten am Montjuïc von Interesse, er befindet sich auf der anderen Seite des Berges oberhalb des Olympiastadions.

62 Der Katamaran Orsom

Barcelona aus einer ganz neuen Perspektive

Die Möglichkeiten, Barcelona einmal vom Wasser aus zu erleben, sind leider sehr beschränkt. In diese Marktlücke sprang vor Kurzem ein Geschäftsmann, der mehrmals täglich mit einem großen Katamaran ins Meer sticht. Auf dem 22,8 Meter langen Schiff ist Platz für 80 Personen, und die Visitenkarte verheißt »Bar, Toilette und Musik« (in dieser Reihenfolge!) an Bord … Die begehrten Plätze sind am Vorderdeck. Auf der trampolinartigen Bespannung kann man hervorragend chillen und durch die groben Maschen hinunter einen Blick auf das rauschende Meer werfen. Die meisten Gäste an Bord sind Pärchen, die sich auf ihrem Barcelona-Trip ein paar romantische Stunden gönnen wollen.

Die Hälfte der Zeit geht allerdings drauf, um erst einmal aus dem Hafen hinauszukommen. Vorbei an alten hölzernen Dschunken wie der Nao Victoria geht es entlang des Yachthafens, wo unter anderem die Privatyacht von Roman Abramovic liegt, in Richtung Kreuzfahrtschiffhafen. Giganten wie die Norwegian Epic (fasst rund 4.200 Gäste!) laufen gerade aus, man kommt sich zum Glück nicht in die Quere.

Dann, endlich auf See, hissen die sportlichen Jungs mit den roten Poloshirts das riesige Segel, das eine Fläche von 205 Quadratmetern hat. Mit einer Kurbel! Der letzte Rest wird allerdings maschinell hochgezogen, das Kurbeln war also nur Schau. Wenn nur eine schwache Brise weht, muss der Motor angeworfen werden, was die meisten Gäste, schon ganz im Segelrausch, aber gar nicht wahrnehmen. Digitalkameras rattern auf Hochtouren, für die meisten ist es das erste Mal auf einer Segelyacht. Der Montjuïc sieht von hier ganz anders aus, ansonsten ist von der Stadt nur die Sagrada Família und die »Gurke«, der Büroturm von Jean Nouvel, auszumachen. Nach einer Stunde, es wird langsam dunkel, geht es schon wieder zurück. – Für längere Segelausflüge sollte man sich beim Royal Club Nautico anmelden!

Adresse Moll de Drassanes, 08001 Barcelona, Port Vell, Port de Barcelona, Tel. 0034/934410537, www.barcelona-orsom.com | **ÖPNV** Metro L 3, Haltestelle Drassanes | **Öffnungszeiten** Cruises März–Okt. je nach Wetterlage, normale Fahrten täglich 12 und 15 Uhr, Jazz Cruises mit Saxofonspieler an Bord 18 Uhr und 20 Uhr, von Zeit zu Zeit gibt es Sunset Cruises und Moon Cruises | **Tipp** Wer jetzt Feuer gefangen hat und selbst segeln möchte, kann im Business Yachtclub Barcelona (www.business-yachtclub.com) einen Schnupperkurs für 65 Euro buchen.

63 Das Krankenhaus Sant Pau

Weltkulturerbe und schönstes Krankenhaus Kataloniens

Dass diese – zugegebenermaßen – sehr schönen Häuser noch bis vor fünf Jahren als Krankenhaus dienten, mag man sich bei einer Besichtigung kaum vorstellen. So antiquiert wirkt auf den heutigen Besucher die Innenausstattung. Als König Alfons XIII. das neue »Hospital de la Santa Creu i Sant Pau« im Jahr 1930 einweihte, galt es als modernstes und schönstes Krankenhaus Europas. Seine Geschichte reicht zurück ins Jahr 1410. Damals war die karitative Institution das erste Großkrankenhaus Europas. Der Komplex im katalanischen Jugendstil wurde mit den Mitteln des Bankiers Pau Gil gebaut und ersetzte die alte Klinik in der engen und muffigen Altstadt. Um die Seuchengefahr zu verringern, baute man das neue Hospital in Hanglage oberhalb der Stadt.

Die Eingangshalle ist mit einem rosafarbenen Kuppeldach versehen und vermittelt den Eindruck, in einer Kirche zu stehen. Aus ihren großen Fenstern blickt man diagonal auf die Sagrada Família, die damals gerade im Entstehen war. Architekt Lluís Domènech i Montaner entwarf 48 Pavillons auf einem großzügigen Parkgelände, in denen die verschiedenen medizinischen Abteilungen residierten. Der Bildhauer Pablo Gargallo gestaltete extra für die Gartenanlage einige Skulpturen, die auch heute noch zu bewundern sind. Viele Pavillons sind mit Mosaiken verziert, und alle sind durch unterirdische Gänge miteinander verbunden, was zum einen praktisch war, zum anderen die Patienten schonen sollte. Fenster wurden so konstruiert, dass sie die Funktion einer Klimaanlage erfüllten. Zusammen mit dem Palau de la Música Catalana zählt der Komplex zum Weltkulturerbe der UNESCO. Die Anlage wird gerade umgebaut, und im Jahr 2014 sollen hier die Union der Mittelmeerstaaten, die United Nations University und das European Forest Institute einziehen.

Englischsprachige Führungen durch die Anlage kosten zehn Euro pro Person.

Adresse Hospital de la Santa Creu i Sant Pau, Sant Antoni Maria Claret 167, 08025 Barcelona, Eixample, Tel. 0034/933177652, www.santpau.es | ÖPNV Metro L5, Haltestelle Hospital de Sant Pau | Öffnungszeiten Führungen täglich 10 Uhr, 11 Uhr, 12 Uhr und 13 Uhr | Tipp Ganz in der Nähe ist die alte Brauerei Damm (Calle Rosselló 515, www.estrelladamm.com), dort werden ebenfalls Führungen angeboten.

64_Das Luxusklo

Für 50 Cent sauber seine Geschäfte verrichten

Jeder Tourist kann ein Lied davon singen, und in südeuropäischen Ländern klingt diese Melodie besonders traurig … Zwischen Museumsbesuchen, Hafenrundfahrten und Stadtführungen drängt es den einen oder anderen aufs stille Örtchen. Zwar hat jede Bar in Barcelona ein oder sogar zwei Toiletten, doch hängt schon draußen am Fenster meist der handgeschriebene Hinweis, dass diese Örtchen für Gäste, die nichts verzehren, »off limits« sind. Und selbst als zahlender Gast ist ein Aufenthalt in diesen meist winzigen Nasszellen nicht gerade ein Vergnügen – wer schon mal auf die Klobrille klettern musste, um die Tür zu öffnen, oder vergebens nach Klopapier, Seife oder gar nach einem Türriegel suchte, weiß, was gemeint ist. Von den Gerüchen ganz zu schweigen. Öffentliche Toiletten sind in Barcelona mehr als rar, und wenn man eine gefunden hat, ist diese oft »außer Betrieb«.

Ein Paradies dagegen ist die geräumige Toilettenanlage, die sich auf Neuspanisch »2theloo« nennt – direkt gegenüber dem FC Barcelona Fan Shop im Einkaufszentrum Maremagnum. Man tritt in einen hell erleuchteten Raum, wirft 50 Cent in den Automaten, und das Drehkreuz öffnet sich zu großen, pieksauberen Toiletten, die immer frisch geputzt sind, ausreichend Klopapier haben und deren Waschbecken mit Flüssigseife und Papierhandtüchern ausgestattet sind. Becken und Armaturen sind von Villeroy & Boch, was eine gewisse Qualität garantiert.

Die Firma, die auch Toiletten in Israel, Belgien, den Niederlanden und Polen betreibt, hat die Räumlichkeiten mit farbenfrohen und erfrischenden Fototapeten beklebt.

Außerdem gibt es für jeden Klogänger, der bezahlt hat, einen Rabatt von 50 Cent auf alle Produkte des zugehörigen Shops, in dem man Hygieneartikel, Postkarten von Fotodesignern und Bonbons aus einer Barceloner Bonbonmanufaktur kaufen kann. Somit ist der Klogang praktisch umsonst.

Adresse Shopping Center Maremagnum, Erdgeschoss, Moll d'Espanya, 08039 Barcelona, Port Vell, www.2theloo.com | ÖPNV Metro L 4, Haltestelle Barceloneta | Öffnungszeiten täglich 10–22 Uhr | Tipp Wer umsonst auf eine ebenfalls sehr saubere Toilette gehen will, braucht nur mit der Rolltreppe ein Stockwerk höher zu fahren.

65 Die Malschule

Nackte Haut mit Stil in alten Gemäuern

Gràcia ist das Viertel der Künstler, Studenten und der Bohème. Wo also wäre ein besserer Ort, um eine Malschule aufzusuchen? Das alte Haus in der Calle Astúries macht schon mit seiner modernistischen Eingangstür einen künstlerischen Eindruck. Hinter der Tür wacht ein großer, lieber Hund, der jeden Besucher schwanzwedelnd begrüßt. Drinnen bestimmen Azulejos-Kacheln, Steinsäulen, Rundbögen und Holzbalkendecken das Ambiente.

Der verwinkelte Malsaal ist über und über vollgestellt mit Farbtöpfen, Paletten und Pinseln. In jedem Winkel scheint ein Geselle in aller Stille konzentriert an seinem Werk zu arbeiten. Das Niveau ist beachtlich hoch, egal, ob es sich um Techniken mit Kohlestift, Bleistift, Kugelschreiber, Acryl, Tinte, Wachsmalkreide oder Ölfarbe handelt. Von Zeit zu Zeit schaut die Lehrerin Natalia Taure vorbei und gibt ein paar Tipps. Neugier, Sensibilität und Kreativität seien ihr wichtig, sagt sie. Am Anfang gibt sie den Schülern Themen vor, mit der Zeit ist es dann an jedem Einzelnen, seinen eigenen Stil und seine bevorzugte Technik herauszufinden.

Im hinteren Zimmer, das eigentlich ein überdachter andalusischer Patio ist, findet freitags die beliebteste Klasse statt: Malen mit Aktmodell. Hier sind schnelle Zeichenkünste gefragt, denn alle zehn Minuten wechselt das Modell die Pose – alles andere würde auch auf einen Muskelkrampf hinauslaufen. Weibliche und männliche Modelle wechseln sich wöchentlich ab. Wer schon einmal probiert hat, menschliche Proportionen auf Papier zu bannen, weiß, dass dies die schwierigste aller künstlerischen Herausforderungen ist. Auf der Internetseite der Malschule kann man eine Reihe von Aktstudien, die dort entstanden sind, bewundern.

Die Akademie bereitet auch Studenten auf eine Kunstschule vor, hier wird für jeden Schüler ein individueller Kursplan entworfen. Ein Tag pro Woche kostet 60 Euro im Monat, die Immatrikulationsgebühr beträgt 60 Euro.

Adresse Academia Taure, Calle Astúries 59, 08012 Barcelona, Gràcia, Tel. 0034/932185257, www.academiataure.com | **ÖPNV** Metro L3, Haltestelle Fontana | **Tipp** Im Meditationszentrum Sammasati, Calle Torrent de les Flors 54, gibt es verschiedene Tantra-Kurse mit Astiko (www.tantrawithastiko.com).

66 Media TIC

Vom Arbeiterviertel zum futuristischen Media-Park

Sieht man sich die futuristischen Gewerbeimmobilien nahe des Torre Agbar in Poblenou an, könnte man meinen, Barcelona stehe ein gewaltiger Schritt in Richtung Zukunftstechnologie, neues Design und Medien bevor. Schaut man aber näher hin, entdeckt man an jedem zweiten Gebäude die verdächtigen Schilder, die potenzielle Mieter auf sich aufmerksam machen wollen. Nachdem die alteingesessenen Handwerksbetriebe nach und nach dichtmachten, suchten die Stadtväter nach neuen Perspektiven für dieses zentrumsnahe Viertel.

Zurzeit ist die neue Medienstadt allerdings eher noch Wunschdenken. Die überwiegende Zahl der prestigeträchtigen Neubauten steht leer, was wohl auch in Zusammenhang mit Spaniens Immobilienkrise steht, die allerdings in Barcelona viel geringere Ausmaße hat als im restlichen Land. Aus den letzten leer stehenden Arealen hat man jüngst einige Sinti- und Roma-Familien vertrieben.

Auch am Media TIC-Gebäude prangt ein großes Schild einer bekannten Maklerfirma. TIC steht übrigens für »Tecnologías de la información y la comunicación«. Das Gebäude hat eine Fläche von 14.000 Quadratmetern, von denen die Open University of Catalonia 5.000 anmieten wird, so war es jedenfalls geplant. Außerdem will sich das Barcelona Digital Centre Tecnològic hier ansiedeln. Im Erdgeschoss sollen sich kommunale Dienste ihren Sitz schaffen, die die verschiedenen Initiativen im »Media Park Barcelona«, auch »22@Barcelona« genannt, vernetzen können.

Entworfen hat das würfelförmige Gebäude mit den auffälligen giftgrünen Metallbalken und silberfarbenen Blasen vor den Fenstern das Architektenbüro Cloud9 unter Führung von Enric Ruiz-Gell. Diese Blasen aus dem neuen Material ETFE (Ethylene Tetrafluor Ethylene) sind nicht nur Verzierung, sie regulieren auch Licht und Temperatur im Inneren. Mit ihrer Hilfe sollen 114 Tonnen CO_2 pro Jahr eingespart werden.

Adresse Calle Roc Boronat 117, 08018 Barcelona, Poblenou, Tel. 0034/934505200 | ÖPNV Metro L 4, Haltestelle Llacuna | Tipp Zwei Ecken weiter, an der Calle Roc Boronat 116–126, ist im Museu Can Framis katalanische Kunst zu bewundern.

67_Der Mercat Sant Antoni

Die Renovierung eines Marktes

Touristengruppen werden meist an den Mercat de Boqueria geführt, denn er liegt praktisch an der Rambla und ist immer gut bestückt. Der Jugendstilbau mit seinen aufwendigen Verzierungen beeindruckt außerdem. Obsthändler türmen ihre Tomaten, Birnen und Erdbeeren zu eindrucksvollen Bergen, Fischhändler schichten ihren Fang kauffreundlich auf Eis, und dazwischen locken verschiedene Tapasbars und Schokoladenverkäufer zum schnellen Mahl zwischendurch. Der zentrale Gang hat dabei die teuerste Ware, an den Seiten werden die Preise günstiger. Bis vor Kurzem war hier sogar ein Händler, der Insekten, Würmer und Käfer zum pikanten Genuss anbot. Das Gesundheitsamt entzog ihm die Lizenz.

Kaum zu glauben, dass Barcelona rund 40 solcher Markthallen besitzt!

Ende des 19. Jahrhunderts entwarf der Architekt Antoni Rovira i Trias den Mercat Sant Antoni mit seinen Eisenverzierungen, Keramikarbeiten und Kapitellen.

Nun war der Mercat in die Jahre gekommen, und so beschloss die Stadtverwaltung 2010 eine umfangreiche Renovierung. Damit die Händler unterdessen nicht arbeitslos waren, baute man einen provisorischen Mercat mit Zelten gleich nebenan. Die Renovierung kostet übrigens rund 60 Millionen Euro, rund 10.000-mal mehr, als der Markt bei seiner Erbauung gekostet hat! Die Markthalle wurde innen völlig ausgehöhlt, um gleichzeitig eine Tiefgarage zu bauen. Außerdem findet die Belieferung künftig unterirdisch statt, damit die Anwohner nicht durch Lärm belästigt werden. Sonntags wandelt sich der Markt zum Flohmarkt, wo es interessante alte Schallplatten, Bücher und Krimskrams gibt. Dieser Sonntag-Markt hat eine lange Tradition, und viele Intellektuelle wie Guimerà, Pedro Pons, Rusiñol, Pedrolo und Tisner haben hier schon nach Büchern gestöbert. Sogar das Bond-Girl Ursula Andress war Kundin, in Begleitung von Fotograf Fabio Testi.

Adresse Calle d'Urgell 1, 08011 Barcelona, Sant Antoni, www.mercatdesantantoni.com | **ÖPNV** Metro L 2, Haltestelle Sant Antoni | **Öffnungszeiten** Mo–Do 7–14.30 Uhr und 17–20.30 Uhr, Fr, Sa 7–20.30 Uhr | **Tipp** Gleich um die Ecke liegt das Goethe-Institut Barcelona mit einer gut sortierten Bibliothek und einigen kulturellen Veranstaltungen (Calle Manso 24).

68_Die Metersäule

Eine Reise, die die Welt veränderte

Wenn man das Haupttor zum Kastell Montjuïc rechts liegen lässt und ein paar Stufen zum Burggraben hinabsteigt, gelangt man zu einem Denkmal, welches selbst die Einheimischen kaum kennen. Offiziell heißt es »La talla métrica de la natura«. Es ist genau neun Meter hoch und wurde von Valérie Berjeron geschaffen. Die schwarz-weiße Säule steht zur Hälfte unter drei Bäumen – einer Eiche, einer Silberpappel und einem Aprikosenbaum –, sodass man genau hinschauen muss. Berjeron wählte diesen Platz für das »Denkmal des Urmeters«, weil der Turm des Kastells als Referenz für die Messungen diente, die ein gewisser Pierre-François Méchain im 18. Jahrhundert durchführte.

Im damaligen Frankreich existierten rund 800 verschiedene Namen für Maße, je nach Region und Ware gab es sogar 250.000 Maßeinheiten! Der Fürst als Landesherr konnte über die Größe eines Maßes nach Belieben bestimmen, was die Verwirrung noch vergrößerte. Dieses Chaos zu beseitigen war die Aufgabe von Méchain.

Nach der Französischen Revolution wollte man sich auf ein universelles Maß einigen: den Meter. Er entsprach einem zehnmillionsten Teil des Erdmeridianquadranten, also der Entfernung vom Pol zum Äquator. Da die genaue Länge des Meridians aber nicht bekannt war, sollte Pierre Méchain die Entfernung des Meridians zwischen Dünkirchen, Paris und Barcelona vermessen. Sechs Jahre lang reisten Méchain und sein Team mit schweren Messinstrumenten durch das Land und errichteten Signaltürme.

Die Dinge nahmen einen unerwarteten Verlauf: Als Méchain in den Wirren der Französischen Revolution nach Paris zurückkehrte, wurden seine Messinstrumente für Spionagegeräte gehalten und wahrscheinlich beschlagnahmt. Nach einer Zwangspause im Gefängnis reiste Méchain 1802 nach Ibiza, um seine Messungen zu vollenden, starb aber 1804 an Malaria. Nach ihm vervollständigten andere Forscher die Messung des Meters.

Adresse Castell Montjuïc, Carretera de Montjuïc, 08038 Barcelona, Montjuïc | **ÖPNV** Bus 50 und 55 vom Plaza España, Haltestelle Castell de Montjuïc | **Tipp** Die berühmten Straßen »Meridiana« und »Paral.lel« zollen ebenfalls dem Erfinder des Meters Respekt. Die 7,1 Kilometer lange Avenida Meridiana verläuft genau entlang des Meridians Dünkirchen-Barcelona.

69 _ Das MNAC

Die Betrachtung der Kuppel ist kostenlos

Sparfüchse wissen es: Jeden ersten Sonntag im Monat ist der Eintritt ins Museum der katalanischen Kunst kostenlos. Allerdings ist das riesige Museum im Stil des »renacimiento español« nur bis halb drei geöffnet, und das Gedrängel ist entsprechend.

Immer kostenlos zu besichtigen ist jedoch die Kuppel des riesigen Museums. Man muss seine Taschen röntgen lassen und kann dann einfach lässig an der Kasse vorbeitrotten. Weiße Treppen führen hinauf in den ersten Stock. Und dort warten die bequemsten Fläzsessel aller Museen. Man lässt sich hineinfallen, legt den Nacken nach hinten ins weiche Kunstlederpolster und entspannt. Dies ist gleichzeitig die ideale Position, um die sehr farbigen Deckenfresken zu betrachten.

Was es damit auf sich hat, wissen die wenigsten Besucher, denn in keinem der Museumsführer wird auf diese Deckenmalereien eingegangen. Sie gehen zurück auf den Maler Lluís Plandiura, der die besten katalanischen Künstler seiner Zeit um sich versammelte, um die Halle zu verschönern. Ganze 300 Quadratmeter waren frei zur Bemalung! Den zentralen Teil, die 24 Meter hohe Kuppel, übernahm der Maler Francesc d'Assís Galí, der Figuren vor einem hellblauen Himmel malte, die eine Art Apotheose (Verherrlichung) Spaniens zeigen. Es sind Symbole der Religion, der Wissenschaft, der schönen Künste und der Erde zu finden.

Die Gemälde an den Seitenwänden behandeln alte Zivilisationen. Sie stammen von Josep de Togores und Manuel Humbert. In den muschelförmigen Wölbungen sind Allegorien der alten Königreiche León, Navarra und der Krone von Aragón und Katalonien dargestellt. Unter diesen Wölbungen blicken Skulpturen der Bildhauer Josep Dunyach und Enric Casanovas auf die Betrachter.

Der danebenliegende ovale Saal, der manchmal für Konzertaufführungen benutzt wird, ist ebenfalls kostenlos zu besichtigen. Er verfügt über eine Orgel aus deutscher Produktion.

Adresse Museu Nacional d'Art de Catalunya, Parc Montjuïc, 08038 Barcelona, Montjuïc, Tel. 0034/936220376, www.mnac.es | ÖPNV Metro L 1, L 2, Haltestelle Plaza Catalunya | Öffnungszeiten Di–Sa 10–19 Uhr, So 10–14.30 Uhr | Tipp Eine kostenlose Kletterfelswand befindet sich etwas versteckt hinter dem Pueblo Español im Rocòdrom La Foixarda (www.climbat.com).

70 Die Modelleisenbahn

Ein Bahnhof im Bahnhof

Der Eingang ins Modelleisenbahnparadies liegt etwas versteckt an der Seite der Estacion Franca, doch wahre Freunde dieses Hobbys finden ihn. Die Besucher sind meistens ältere Männer oder Mütter mit kleinen Söhnen. Im Treppenaufgang stehen alte Signalanlagen aus verschiedenen Ländern. Die eigentlichen Modelleisenbahnen finden sich in den Kellerräumen. Die Bestückung der Modelllandschaften mit Bäumen, Häusern und Figuren ist noch ausbaufähig, auch sonst sind die Räume etwas kruschtelig. Wahre Fans lassen sich davon aber nicht stören. Jede Anlage hat ein Steuerpult, und wenn man die Dame am Kassenhäuschen nett fragt, kann man die Loks auch selbst steuern und die Weichen stellen. Sogar den AVE gibt es hier schon, er fährt natürlich schneller als die übrigen Züge. Bei etwaigen Entgleisungen – die leider recht oft vorkommen – helfen die Fachmänner, die hier immer zugegen sind, gern. Die Anlagen haben die Formate HO2, HO3, HOm, N, O, 1 und LGB, einige davon sind aber noch im Bau. Mitglieder des Vereins dürfen ihre eigenen Loks und Züge mitbringen und diese fahren lassen.

Der Verein, der dieses kleine Museum betreibt, nennt sich »Associació d'Amics del Ferrocarril de Barcelona« und wurde bereits im Jahr 1944 gegründet. In den Räumen stapelt sich alles, was die alten Eisenbahnen an Memorabilien hergaben. Sitzbänke, Schaffneruniformen, Gaslichter, Telegrafen, Poster, Metallplaketten und natürlich zahlreiche Modelleisenbahnen, unter anderem auch von Märklin und Fleischmann.

Ein weiterer Raum dient als Bibliothek. Hier sitzen ausnahmslos Männer an den mehr als 5.000 Eisenbahnbüchern, über 50 internationalen Modelleisenbahnzeitschriften oder Katalogen und vertiefen ihr Wissen. Der Verein organisiert übrigens auch Ausflüge in Zusammenarbeit mit der Renfe, dem Nationalen Netz der spanischen Eisenbahnen, die spezielle historische Züge zum Ziel haben, meistens Dampfeisenbahnen.

Adresse Associació d'Amics del Ferrocarril, Calle d'Ocata s/n, 08003 Barcelona, Born, Tel. 0034/933105297, www.aafcb.org | ÖPNV im Bahnhofsgebäude der Estacion Franca (Renfe) | Öffnungszeiten Di, Do, Fr 18–21 Uhr, Sa 17–21 Uhr | Tipp Auf YouTube lassen sich Clips ansehen, die aus (!) den Zügen der Modelleisenbahnanlage gefilmt wurden!

71 Bei Moritz

Bier nach deutscher Brautradition für Barcelona

Schon sehr früh kamen Katalanen in den Genuss deutschen Bieres. Im Jahre 1851 machte sich ein junger Bursche namens Louis Moritz Trautmann aus dem elsässischen Pfaffenhofen auf den Weg nach Barcelona. Die Stadt begann in jenen Jahren gerade, sich industriell zu entwickeln. Im Raval-Viertel nahe der Rambla fand Trautmann eine kleine Fabrik, die er kaufte und in den folgenden Jahren zu einer großen Brauerei ausbaute. 1978 wurde die Produktion jedoch wegen der Ölkrise eingestellt. Die Wiedereinführung im Jahr 2004 erfolgte zaghaft.

Inzwischen ist Moritz in Barcelona zum Kultbier avanciert, die Brauerei liefert ihre Produkte nach ganz Spanien und in weitere 15 Länder. Die jährlichen Zuwachsraten belaufen sich auf 30 bis 40 Prozent, die Jahresproduktion liegt bei rund zehn Millionen Litern. Im Vergleich zu den spanischen Bier-Riesen wie Estrella, San Miguel oder Cruzcampo besetzt Moritz eher die Nische für Feinschmecker. Das zeigt sich auch preislich, denn eine Flasche Moritz kostet fast doppelt so viel wie eine Flasche der Mitbewerber. Das Wasser spielt bei Moritz eine entscheidende Rolle: Es stammt aus der Quelle von Montseny-Guilleries, die der Firma Vichy Catalán gehört. Andere spanische Biere werden mit normalem Tafelwasser gebraut. Außerdem wird Moritz-Bier mit Hopfen aus dem tschechischen Saaz verfeinert. Weitere Grundstoffe sind Reis und Malz.

Auch in der Fermentationsmethode unterscheidet sich das Moritz-Bier von den meisten anderen: Um dem Getränk den »Stress« des Druckes in den Gärtanks zu nehmen, werden niedrige Tanks verwendet, was ein geschmackliches Gleichgewicht garantiert. Die alte Brauerei in der Ronda Sant Antoni wurde vor Kurzem renoviert und hat jetzt hängende Gärten, ein kleines Bier-Museum und eine Tasting-Bar, wo man die Sorten alkoholfrei, Moritz 5,4 Prozent und Moritz Epidor 7,2 Prozent probieren kann, die direkt im Haus gebraut werden.

Adresse Cervezas Moritz, Ronda de Sant Antoni 39, 08011 Barcelona, Sant Antoni, Tel. 0034/934235434, www.moritz.cat | **ÖPNV** Metro L2, Haltestelle Sant Antoni | **Tipp** Im Haus gibt es auch ein Restaurant, das elsässische Spezialitäten (aus der Heimat von Moritz Trautmann) offeriert. Das Restaurant hat täglich von sechs Uhr morgens bis drei Uhr nachts geöffnet!

72 Das Motorradparkhaus

In dieser Tiefgarage haben Pkws nichts zu suchen

Die Einfahrt lässt keinen Zweifel: Die einen Meter breite Fahrbahn, die hinab in das Kellergeschoss der Tiefgarage führt, ist selbst für einen Fiat Panda eindeutig zu schmal. In Gràcia mit seinen schmalen Gässchen ist es sogar für Motorradfahrer schwierig, einen Parkplatz zu ergattern. Und Fahrräder an Laternenpfosten zu binden, das macht in Barcelona kaum noch jemand – zu oft fand man bei seiner Rückkehr nur noch, wenn überhaupt, das Schloss vor. So ist die Idee einer Tiefgarage nur für Motorräder und Fahrräder gar nicht so abwegig. Die Auslastungsrate spricht für sich: Bei einem Check waren tagsüber fast alle Plätze belegt! Pro Tag kostet das Unterstellen eines Fahrrades 1,20 Euro. Motorradfahrer müssen für die Stunde 82 Cent, für eine ganze Nacht 1,63 Euro hinlegen.

Barcelona ist, das lässt sich unschwer erkennen, eine Stadt der Motorroller und Motorräder. Fast an jeder Straße gibt es Extra-Stellplätze für Zweiräder, die übrigens immer kostenlos sind. Bei der Parkplatznot ist man mit dem Roller meist mobiler als mit dem Auto. Allerdings sorgen der legere Fahrstil und das rücksichtslose Abdrängen auf Barcelonas Straßen für eine katastrophal hohe Zahl an Zweiradunfällen, wobei der Rollerfahrer immer der Unterlegene ist. Auch die Todesfallraten sind erschreckend hoch.

Nichtsdestotrotz will die Stadt, auch wegen der Umweltprobleme, die der viele Verkehr mit sich bringt, das Zweiradnetz ausbauen. Fahrradwege sind bisher noch Mangelware, und wer einmal auf der sechsspurigen Calle Aragon mit dem Drahtesel unterwegs war, kennt das Dilemma.

Doch das städtische Fahrradsystem »Bicing« mit 6.000 auf die Stadt verteilten rot-weißen Rädern, die nur von in Barcelona gemeldeten Personen zu leihen sind, entwickelt sich bestens. Auch Elektrofahrräder und Elektromobile – das Fahrradparkhaus in Gràcia hat auch eine Ladestation für E-Bikes – sind in Barcelona auf dem Vormarsch.

Adresse Parking BSM, Calle Gran de Gràcia 190, 08012 Barcelona, Gràcia, Tel. 0034/934092021 | **ÖPNV** Metro L3, Haltestelle Fontana | **Öffnungszeiten** 24 Stunden am Tag | **Tipp** Ein guter Fahrradverleih ist Bornbike Rental an der Calle Marquesa 1 im Born. Für einen Tag kostet ein Rad hier 15 Euro (www.bornbikebarcelona.com).

73 Das Museu d'Autòmats

So vergnügten sich Kinder vor 100 Jahren

Wenn man bedenkt, dass man im Museu d'Autòmats ganze 42 historische Spielautomaten, die meisten elektrisch betrieben, einzeln in Gang setzen kann, ist der Eintrittspreis von zwei Euro fast ein Witz. Hier, mitten in Europas ältestem Vergnügungspark, dem Tibidabo, versteckt sich ein wahres Kleinod an Museum.

Die Automaten stammen vom Ende des 19. Jahrhunderts bis Mitte des 20. Jahrhunderts und waren einmal in Frankreich, Deutschland, England oder Spanien auf Jahrmärkten ausgestellt. Jeder Automat hat einen grünen Schalter, mit dem er sich in Bewegung setzen lässt.

Der erste zeigt eine Boxkampfarena mit Zuschauerrängen. Auf Knopfdruck rangeln die beiden Boxer wie wild drauflos. Ein anderer Automat befindet sich sogar auf einer echten Bühne (das Museum ist in einem Theater aus dem Jahr 1909 untergebracht) an der Stirnseite des Gebäudes. Wie von Geisterhand ziehen sich hier erst einmal die roten Samtvorhänge zurück. In einem Wiener Ballsaal, festlich geschmückt mit einem Himmel aus Lampions, drehen sich dann tanzende Paare im Walzertakt im Kreis. In einer Werkstatt mit Kreissägen, Schleif- und Bohrmaschinen werkeln Miniatur-Arbeiter im Blaumann, und in einer Szene aus dem Paris des 18. Jahrhunderts saust das Schafott auf dem Marktplatz hinunter, worauf der Kopf eines Mannes tatsächlich abgetrennt wird und gruselig auf den Boden kullert.

Man kann sich vorstellen, wie in einer Zeit ohne Fernsehen diese Szenerien nicht nur für Belustigung, sondern auch für moralische Belehrung sorgten.

Auch Landschaften sind nachgestellt und der Tibidabo selbst, wo sich Zahnradbahnen, Karusselle, Achterbahnen und Schaukeln in Bewegung setzen.

Alle Szenen sind mit viel Liebe zum Detail nachgestellt, und es fasziniert, wie alles auch noch nach 100 Jahren perfekt funktioniert.

Adresse Plaza del Tibidabo 3–4, 08035 Barcelona, Tibidabo, Tel. 0034/932117942, www.tibidabo.net | **ÖPNV** Zahnradbahn zum Tibidabo | **Öffnungszeiten** täglich 11–17 Uhr, Jan., Feb. geschlossen | **Tipp** Zum Tibidabo kann man zwar auch mit der Zahnradbahn hinauffahren, lustiger ist die Serpentinenfahrt (rund fünf Kilometer) aber mit einer Vespa, die man zum Beispiel bei Via Vespa (www.viavespa.com) mieten kann.

74 Das Museo Salvador Serra

3.000 Kameras für Familienfotos

Ein Museum, das keinen Cent Eintritt kostet und unglaubliche Raritäten für Liebhaber alter Fotoapparate bereithält, liegt direkt an der Rambla! Bekannt ist es nur einigen Fotografie-Studenten, Profi-Fotografen und echten Kennern. Wenn man mit dem Aufzug in den fünften Stock hinauffährt, tritt man direkt in den Ausstellungsraum, der meist menschenleer ist. In der Mitte stehen ein paar riesige hölzerne Kameras, die man aus Stummfilmen kennt und bei denen der Fotograf sich unter ein schwarzes Abdecktuch begeben muss. Die Wände sind voll mit Regalen, in denen mehr als 3.000 Kameras aller Marken und Epochen ausgestellt sind.

Gründer Salvador Serra, der mit einer Büste verewigt ist, war übrigens kein Profi-Fotograf. Er begnügte sich damit, Bilder von seiner Familie und verschiedenen Bekannten zu machen. Der im Jahr 1914 geborene Katalane gründete 1944 die Casa Arpi im gleichen Haus, ein Fachgeschäft für Fotografie. Durch eine gläserne Decke kann man vom Museum in die Verkaufsräume hinabschauen, die sich über die ganze Etage erstrecken. Zu den Highlights der Kollektion gehören eine vergoldete Nikon-Spiegelreflexkamera aus dem Jahr 1977, eine Stereo-Kamera mit zwei Linsen von Graflex aus Rochester, New Jersey, aus dem Jahr 1956 und eine Reihe historischer Hasselblad Kameras.

Auch aus Deutschland kommen einige Sammlerstücke, wie die Stereoskopkamera der Braunschweiger Firma Franke & Heidecke aus dem Jahr 1925, die Contessa Stereax aus dem Jahr 1920 oder die Krügener Delta aus Frankfurt aus dem Jahr 1892, die den Anschein einer Holzkiste erweckt. Sogar eine Detektivkamera von Steinheil, hergestellt von den Optischen Werken Co. in München, aus dem Jahr 1895 ist zu besichtigen.

Ein weiteres Objekt mit Historie ist eine Unterwasserkamera, die Jacques-Yves Cousteau in seinem U-Boot Calypso benutzte, das nach einer Kollision im Jahr 1996 vor Singapur sank.

Adresse La Rambla 38, 5. Stock, 08002 Barcelona, Barrio Gótico, Tel. 0034/933181300, www.arpi.es | **ÖPNV** Metro L3, Haltestelle Liceu | **Öffnungszeiten** Mo–Fr 10–14 Uhr und 16–20 Uhr | **Tipp** Wer die Kenntnisse der Fotografie mit seiner eigenen Kamera vertiefen möchte und mit anderen Fotobegeisterten Streifzüge durch Barcelona machen möchte, kann eine Foto-Tour bei www.barcelonaphotographer.com buchen.

75 Die Nao Victoria

Das Segelschiff, das als erstes die Welt umrundete

Die allseits beschworene Krise in Spanien hat auch ihr Gutes. Ohne sie würde der Nachbau des Segelschiffes »Nao Victoria« nicht am Port Vell liegen. Mit dem Original hatten einst Fernando de Magallanes und Juan Sebastián Elcano die Welt umsegelt. Die Kopie wurde 1992 zu den Feierlichkeiten zum 500-jährigen Jubiläum der Entdeckung Amerikas von der Fundación Nao Victoria in Sevilla in Auftrag gegeben. Seitdem hat das Schiff viele Häfen angefahren, immer gesponsert von Firmen. Die Nao Victoria nahm an verschiedenen Regatten teil. Als die Sponsoren ausblieben, musste sich die Mannschaft nach alternativen Einnahmequellen umsehen. Man verlangt vier Euro Eintritt, und an Interessierten mangelt es an der Hafenmole nicht. Wenn man das Schiff betritt, staunt man über die Dimensionen: Von innen wirkt es wesentlich größer als von außen! Mit den Tauen und den Ausguckkörben könnte man sich das Schiff perfekt in einem Piratenfilm vorstellen.

Wer einmal ein ganz persönliches Abenteuer starten möchte: Man kann die Nao Victoria samt Mannschaft für eine Weltumrundung unter Segeln mieten! Auf 120 Quadratmetern bietet das Schiff Platz für 25 Personen. Es ist weitgehend historisch detailgetreu nachgebaut, was bedeutet, dass man auf moderne Annehmlichkeiten verzichten muss. Auch die Segel müssen noch von Hand gehisst werden!

Die Nao Victoria hat eine bewegte Geschichte. Von den fünf Segelschiffen, die im Jahr 1519 zur Weltumrundung aufgebrochen waren, war sie das einzige Schiff, das drei Jahre später, am 6. September 1522, nach Sanlúcar de Barrameda zurückkehrte, nach 37.800 zurückgelegten Seemeilen. Von den ursprünglich 234 Seeleuten waren nur noch 18 an Bord. Mit den Gewürzen, die das Schiff bei seiner Rückkehr geladen hatte, konnte ein Gewinn erzielt werden, der die Kosten der Weltumrundung und des Schiffsbaus mehr als deckte. Die Nao Victoria sank im Jahr 1527.

Adresse Port Vell, Carrer Bosch i Alsina, 08039 Barcelona, www.fundacionnaovictoria.org | ÖPNV Metro L 3, Haltestelle Drassanes | Öffnungszeiten Mo–Fr 10–14 Uhr und 17–20.30 Uhr | Tipp Wer mehr über die spanische Seefahrt wissen will, sollte dem nahe gelegenen Museu Marítim einen Besuch abstatten, dessen »königliche Docks« noch aus der Zeit der Gotik stammen.

76_Okupas in der Rambla Raval

Ich wohne, also lebe ich

Wenn man bedenkt, dass der durchschnittliche Monatslohn für jüngere Berufstätige in Barcelona rund 1.000 Euro beträgt und dass man für eine kleine Zweizimmerwohnung rund 700 Euro Miete zahlt – ohne Strom und Gas –, kann man verstehen, warum hier so viele Häuser besetzt sind. Im Gegensatz zu Deutschland sind außerdem die meisten Wohnungen Eigentumswohnungen, was die Mietpreise zusätzlich in die Höhe treibt. Hausbesetzer nennen sich in Barcelona »Okupas«, sie okkupieren leer stehende Immobilien. Meist bis zu dem Zeitpunkt, zu dem der Eigentümer Renovierungsarbeiten vornimmt oder Fenster und Türen zumauern lässt. – Diese unschöne Sitte lässt sich leider an vielen Häusern, vor allem in der Altstadt, begutachten.

Die vielen Graffitis und Spruchbänder des besetzten Gebäudes an der Rambla del Raval zeugen davon, dass hier schon länger Okupas leben. Die Wohnungen haben Strom und Wasser, was längst nicht für alle besetzten Häuser gilt. Jeden Montag um 21 Uhr ist »Plenum«, dann werden vor allem die Aktivitäten für das Wochenende geplant, denn die Bewohner – hauptsächlich Latinos – gehen wochentags einer bezahlten Tätigkeit nach.

Die Okupas in Barcelona sind gut vernetzt. So werden immer wieder gemeinsame Aktivitäten geplant, zum Beispiel die Besetzung des »Cinema Palace« an der Via Laietana, um gegen die Arbeitsmarktpolitik der Zentralregierung zu protestieren.

»Einen Ort zu besetzen, heißt nicht, einen Ort zu vereinnahmen, sondern einen Ort gemeinsam zu schaffen und zu renovieren, um ihn für die Gemeinschaft zu nutzen«, benennen die Okupas ihre Strategie im Raval. Der Veteran unter den besetzten Häusern Barcelonas befindet sich übrigens am Stadtrand am Hang der Collserola-Berge. In Can Masdeu, einem geräumigen Landhaus, leben seit zehn Jahren 25 Erwachsene und drei Kinder, die sich unter anderem vom Gemüseanbau auf dem hauseigenen Acker ernähren.

Adresse Rambla Raval Ecke Calle de Sant Pacià, 08001 Barcelona, Raval, http://okupesbcn.squat.net/ | ÖPNV Metro L3, Haltestelle Liceu | Tipp Legal kann man Zimmer bei Privatleuten unter www.airbnb.com mieten. Positiver Nebeneffekt: Man lernt gleich ein paar Einheimische kennen!

77 Omnium

Tiefer eindringen ins Herz der Katalanen

Wer sich zu den Wurzeln der katalanischen Kultur aufmachen will, dem sei ein Besuch der Vereinigung Omnium ans Herz gelegt. Omnium kommt aus dem Lateinischen und bedeutet »das Ganze«. Im Franco-Spanien war die katalanische Sprache verboten, und weil Katalanen sich nicht so leicht unterkriegen lassen, riefen sie 1961 die Organisation Omnium ins Leben. Gründer waren Persönlichkeiten der kulturellen und politischen Szene Kataloniens, die zunächst klandestin agieren mussten, da katalanische Parteien ebenfalls verboten waren. 1967, nach einer langen juristischen Schlacht, erreichte Omnium einen legalen Status. Heute hat die Organisation rund 30.000 Mitglieder und vergibt literarische Preise, um die katalanische Literatur zu fördern.

Seit dem Jahr 2000 fördert Omnium die »Festa per la llibertat«, das Freiheitsfest, das jährlich am 11. September am Arc de Triomf gefeiert wird. Der Zentrale, die ihre üppigen Räumlichkeiten in Barcelona in bester Lage nahe des Paseo de Gracia hat, sieht man an, dass sie von vermögenden Förderern unterstützt wird.

Für Spanier, aber auch für Ausländer, die ihre Katalan-Kenntnisse vertiefen möchten, bietet Omnium das »Voluntariat per la llengua« an: Eine Reihe von bereitwilligen und engagierten Katalanen und Katalaninnen trifft sich in ihrer Freizeit mit den Sprachschülern und übt mit ihnen Konversation im besten Katalan – ohne jede Gegenleistung.

Eine andere Initiative lautet »What do you know about catalan culture?«. Hier treten die Helfer der Organisation mit Touristen in Kontakt, verteilen Broschüren und klären über die katalanische Kultur im persönlichen Gespräch auf. Auf der Webseite von Omnium gibt es die Möglichkeit, einen »Butlletí electrònic«, anders gesagt: E-Mail-Newsletter, zu beziehen. Er listet spezielle Veranstaltungen, wie etwa Brauereibesichtigungen oder Vernissagen katalanischer Künstler, auf.

Adresse Calle de la Diputacion 276, 08009 Barcelona, Eixample, Tel. 0034/933198050, www.omnium.cat | ÖPNV Metro L2, L3, L4, Haltestelle Paseo de Grácia | Tipp Für Ausländer gibt es kostenlose Katalankurse auch vom Consorci per a la normalització Lingüística (www.cpnl.cat).

78 Der »Parc del Fòrum«

Wie man einen Küstenstreifen richtig verschandelt

Mit Grünanlagen oder Parks ist Barcelona nicht gerade gesegnet. Der größte innerstädtische Park ist der Parc de Ciutadella, auf dessen Gelände sich auch der Zoo befindet und den man in weniger als fünf Minuten von einem Ende zum anderen durchqueren kann. Ansonsten ist die Stadt ein Häusermeer und vor allem im Eixample so eng besiedelt, dass die Bevölkerungsdichte zu den höchsten in Europa zählt. Auf 7,4 Quadratkilometern leben hier 280.000 Menschen.

Die Häuserquadrate im Eixample waren von ihrem Architekten, Ildefons Cerdà, eigentlich so geplant, dass sie nur an zwei Seiten bebaut wären, und in jedem Häuserquadrat war ein Garten mit Bäumen vorgesehen. Doch die Wohnungsnachfrage war so groß, dass fast alle »manzanas« (Äpfel), wie die Häuserquadrate genannt werden, vollkommen bebaut wurden.

Warum man also den »Parc del Fòrum« vollkommen asphaltiert und zementiert hat, bleibt ein Geheimnis der Stadtarchitekten. Angespornt durch den immensen Erfolg der olympischen Spiele im Jahr 1992, suchten die Stadtväter nach einem weiteren Projekt, mit dem man diesen Ruhm fortsetzen konnte. Man ersann das »Fòrum Universal de les Cultures« im Jahr 2004, ein Festival der Kulturen, für das die Anlagen im Parc del Fòrum errichtet wurden. Darunter sind zwei riesige Auditorien, eine große Photovoltaik-Anlage, große Hotels, ein Einkaufszentrum, eine Straßenbahnlinie und das knallblaue preisgekrönte »Edificio Fòrum«, entworfen vom Architekturbüro Herzog y Meuron. Die Anlage ist europaweit eines der größten Kongresszentren mit Platz für 18.000 Besucher und wird auch für Feste wie die Feria de Abril de Cataluña, Summercase, Primavera Sound oder die Fiesta de la Mercè genutzt. Verkehrstechnisch ist die Gegend mit der Trambesòs vorbildlich erschlossen. Ansonsten nutzen die Betonwüste, die für eine Kapazität von 130.000 Personen ausgelegt ist, vor allem Skater.

Adresse Rambla de Prim 1, 08019 Barcelona, Poblenou | **ÖPNV** Straßenbahn T 4, Haltestelle Fòrum, Metro L 4, Haltestelle El Maresme Fòrum | **Tipp** Fitness und dabei die Stadt kennenlernen: Barcelona Running Tours kombiniert Sightseeing mit einer Joggingrunde (www.runningtoursbarcelona.com).

79_Parc Central de Nou Barris

Eine der raren Grünflächen der Stadt

Das Viertel Nou Barris, das »neue Viertel«, ist eine der jüngsten Stadtrandsiedlungen Barcelonas. Die Hochhäuser sind hier nicht ganz so trist und phantasielos wie in Hospitalet de Llobregat, es gibt einige architektonisch interessante Gebäude. Die Parkanlage, die von der Straße Fabra i Puig geteilt wird, hat immerhin im Jahr 2007 den begehrten »Urban Landscape Award« in Frankfurt am Main erhalten. Unter rund 60 Bewerbungen aus Deutschland, der Schweiz, den USA, Mexico und Spanien wurde diese Anlage ausgewählt. Nach dem Park Ciutadella ist der Parc Nou Barris mit einer Fläche von 17,7 Hektar sogar der zweitgrößte Park Barcelonas! Angelegt wurde er im Jahr 1999 von den Architekten Carme Fiol und Andreu Arriola.

Für seine Gestaltung haben die beiden Architekten auf die frühen kubistischen Gemälde Picassos zurückgegriffen. Von ihnen ließen sie sich zu einer Parklandschaft mit verschobenen Perspektiven und Ebenen mit geometrischer Ausrichtung inspirieren.

Neben Palmen, Olivenbäumen und Eukalyptus fallen Holzskulpturen auf, die an Palmwedel erinnern.

Fiol und Arriola sind erkennbar Fans von Krümmungen und geometrischen Formen. Die Wasserbecken sind dreieckig, die Geländer krümmen sich dem Spaziergänger entgegen, und die gebogenen Holzgebilde, die an moderne Straßenlaternen erinnern und mitten auf dem Rasen stehen, sind Designobjekte.

In der Mitte des Parks, der immerhin Höhenunterschiede von rund 40 Metern aufweist und Anwohner aus sehr unterschiedlichen sozialen Milieus vereint, ist noch eine alte Brücke aus Sandstein erhalten, die jetzt eine dekorative Funktion hat. Außerdem gibt es einen einigermaßen attraktiv gestalteten Spielplatz, was in Barcelona leider immer noch Mangelware ist, und einen Picknickbereich. Grillen ist hier allerdings nicht erlaubt – dafür muss man aus der Stadt hinausfahren an die Grillplätze in Castelldefels.

Adresse Calle Vilalba dels Arcs, 08042 Barcelona, Nou Barris | **ÖPNV** Metro L 4, Haltestelle Llucmajor, von dort rund 5 Minuten Fußweg | **Tipp** Wenn man den Paseo Fabra i Puig ein wenig hinunterläuft, stößt man auf eine Siedlung von alten spanischen Dorfhäusern mit Gärtchen, die zwischen den neuen Hochhäusern erhalten wurden. Ein Stück weiter findet sich das Wäldchen Parc del Turó de la Peira.

80__Das Parfüm-Museum

Echte Schätzchen im Hinterzimmer

Zu Riechen gibt es hier leider nichts – im »Parfüm-Museum«, das genau genommen das Hinterzimmer einer Parfümerie am Paseo de Gràcia ist, reihen sich rund 5.000 Flakons fein säuberlich in Regalen aneinander – hinter Glas, versteht sich. Liebhaber werden sich über einige Raritäten freuen: Da sind ägyptische Väschen aus Ton, griechische Töpferwaren, römische und punische Glasbehälter, arabische und fernöstliche Behältnisse sowie eine Sammlung von Essenztöpfchen aus Porzellan, Glas und edlen Materialien aus dem 17. bis 19. Jahrhundert. Auch Mythisches erfährt man hier: Nach der homerischen Tradition waren es die Götter des Olymp, die den Menschen den Gebrauch des Parfüms lehrten. In der Welt der Sagen finden sich viele Erzählungen, in denen Götter oder Nymphen Aromen erschaffen. Nur Sokrates gefielen die Parfüms nicht: So könne man nicht mehr am Geruch unterscheiden, wer Sklave und wer Herr sei.

Die Araber waren einst die großen Experten, die das Wissen vergangener Kulturen assimilierten und mit neuen Techniken verbanden. Sie arbeiteten mit dem Destillierkolben, um Alkohol zu destillieren, den sie als Grundstoff für die Essenzen verwendeten. Rosenwasser und Moschus waren im Mittelalter die Königinnen der Aromen. Erst als die Kreuzritter und Handelsleute aus dem Orient zurückkehrten, wurden diese Düfte in der westlichen Welt populär. Wer »Das Parfum« gelesen hat, weiß auch, dass Venedig und Florenz die großen Zentren der Parfümeurskunst in der Renaissance waren. Die Höfe der Medici und der Herzöge von Venedig waren große Häuser der Düfte.

Der Großteil der Barceloner Sammlung sind Vintage-Flakons bekannter Marken, die meisten aus Frankreich. Doch auch einige Raritäten finden sich: zum Beispiel zwei Duftfläschchen, die der Königin Marie Antoinette aus Frankreich gehörten, sowie ein Flakon mit Namen »Le Roi Soleil«, den Dalí höchstpersönlich designt hat.

Adresse Museu Del Perfum, in der Parfümerie Regia, Paseo de Gràcia 39, 08007 Barcelona, Eixample, Tel. 0034/932160121, www.museodelperfume.com | **ÖPNV** Metro L 2, L 3 und L 4, Haltestelle Paseo de Gràcia | **Öffnungszeiten** Mo–Fr 10.30–20 Uhr, Sa 11–14 Uhr | **Tipp** Vor dem Geschäft auf den Boden schauen! Die Bodenfliesen, die den Bürgersteig des gesamten Paseo de Gràcia bedecken, sind von Gaudí mit Naturmotiven gestaltet.

81 Die Pastelería Hofmann

Endlich eine gute Konditorei in Barcelona!

Der nicht zu verleugnende Geruch nach Butter, Schokolade, Vanille, Zimt oder frischem Brot lockt so manchen in die kleine Gasse, die vom Paseo del Born abzweigt. Hier hat die Köchin Mey Hofmann eine Konditorei eröffnet, die es in sich hat. Während in der Mehrzahl der katalanischen Bäckereien in der Auslage nur ein paar schrumpelige, meist nach Pappe schmeckende Blätterteigteilchen und spröde Croissants vor sich hin dümpeln, kann der Feinschmecker in der Pastelería Hofmann aus dem Vollen schöpfen. Die frischen Croissants sind hier so, wie sie sein sollen: außen kross und innen weich und flauschig wie Küken. Gefüllt sind sie mit Mandelcreme, Erdbeermarmelade oder Mango. Wenige, dafür aber umso feinere Kuchen und Torten stehen in der Vitrine: locker-fluffige Zitronentarte, dunkel glänzender Schokoladenkuchen, die knusprigen »H«-Kekse, selbst hergestellte Pralinen, katalanische Macarons, feuchte Brownies und »Schwarzwälder Kirsch«. Und die »Glas-Desserts« wie Tiramisu, geröstete weiße Schokolade mit Erdbeerjoghurt oder Käsekuchen mit Waldbeeren lassen das Wasser im Mund zusammenlaufen … Alles wird in einer liebevoll gestalteten Atmosphäre in historischen Gemäuern präsentiert.

Dabei ist Mey Hofmann gar keine »echte« Köchin oder Konditorin. Sie hat verschiedene Dinge studiert: Wirtschaftswissenschaften, Goldschmiedin und Innenarchitektur. Dies half ihr allerdings beim Aufbau ihrer drei Objekte in Barcelona, dem Restaurant Hofmann (ein Michelin-Stern), der Kochschule Hofmann und der Pastelería Hofmann.

Meisterkoch Ferran Adrià ist voll des Lobes für sie: »In der gehobenen Gastronomie Spaniens erweckt der Name Mey Hofmann nur Respekt und Bewunderung. Mey Hofmann ist viel mehr als nur Köchin, die Schule ist viel mehr als nur Kochschule. Mey ist eine der größten Protagonisten des Impulses, den unsere Küche in den letzten Jahren erfahren hat.«

Adresse Calle dels Flassaders 44, 08003 Barcelona, Born, Tel. 0034/932688221, www.hofmann-bcn.com | ÖPNV Metro L4, Haltestelle Jaume I | Öffnungszeiten Mo–Mi 9–14 Uhr und 15.30–20 Uhr, Do–Sa 9–14 Uhr und 15.30–20.30 Uhr, So 9–14.30 Uhr | Tipp In der nahe gelegenen Kochschule Hofmann gibt es Kurse für Pasta, Reis, Gebäck und vieles mehr, auch für nicht gewerbliche Kunden (Calle de l'Argenteria 74).

82_Der Pavelló Mies van der Rohe

Im Barcelona Chair sitzen ist leider verboten

Dass der Pavillon des deutschen Architekten Mies van der Rohe schon eine bewegte Geschichte hinter sich hat, sieht man ihm nicht an. Kein Wunder, denn es handelt sich um einen historisch detailgetreuen Nachbau des Originals von 1929.

Aber von vorne: Zur Weltausstellung 1929 beauftragte man den Architekten, den deutschen Pavillon zu bauen. Van der Rohe schuf aus den Materialien Glas, Edelstahl und Marmor ein markantes Bauwerk mit vielen geraden Linien. Für Wände und Böden benutzte er riesige Platten, an denen sich die Struktur von Travertino, grünem Marmor und Onyx hervorragend betrachten lässt. Die filigranen Stahlsäulen weisen einen hohen Chromgehalt auf und wirken edel. Integriert ist eine Terrasse mit einer rechteckigen Wasserfläche. Durch das Fehlen von Zierrat und Farben wirkt der Pavillon angenehm kühl und sachlich und bildet einen Gegensatz zu den überaus verspielten Details der Modernisme-Gebäude der Stadt. Da die Zwischenwände ihrer tragenden Funktion enthoben wurden, kann man mit Raumteilern verschiedene Raumgestaltungen vornehmen.

Nach der Weltausstellung wurde der Pavillon 1930 »entsorgt«. Erst viel später, im Jahr 1983, erkannte man in Barcelona, welch berühmtes Bauwerk man hier eingeebnet hatte. Unter der Leitung der Architekten Cristian Cirici, Fernando Ramos und Ignasi de Solà-Morales wurde der Pavillon dann wieder neu aufgebaut.

Drinnen stehen zwei weiße originale Barcelona-Sessel, deren Sitzgefühl man leider nicht testen darf. Der Freischwinger gilt als einer der Meilensteine der Designgeschichte des 20. Jahrhunderts. Den ersten Stahlrohrsessel entwickelte Marcel Breuer bereits 1925, aber die beiden Versionen, die diese Art Sitzmöbel weltberühmt machen sollten, sind das Werk Mies van der Rohes. Der Designer entwarf sie 1929 speziell für den Pavillon der Weltausstellung.

Adresse Avenida Francesc Ferrer i Guàrdia 7, 08038 Barcelona, Montjuïc, Tel. 0034/934234016, www.miesbcn.com | **ÖPNV** Metro L 1 und L 3, Haltestelle Plaza de España | **Öffnungszeiten** täglich 10–20 Uhr, Sa um 10 Uhr kostenlose Führung auf Englisch | **Tipp** Im gegenüberliegenden Caixa Forum, in einer ehemaligen Fabrik aus dem Jahr 1911, gibt es immer mehrere Ausstellungen, die kostenfrei zu besichtigen sind.

83 Der Pipa Club

Geheime Bar, Konzertsaal und Pfeifenmuseum

Obwohl der Pipa Club an einem der belebtesten Plätze Barcelonas, nämlich direkt an der Plaza Reial, liegt, ist er nicht ganz einfach zu finden. An einem der Treppenaufgänge unter den Arkaden befindet sich eine kleine Klingel, die man betätigen muss, damit jemand die Tür zum Treppenhaus öffnet. Die Bar des Pipa Clubs liegt im ersten Stock einer altehrwürdigen Wohnung mit mehreren verschachtelten Zimmern.

Der »Club der Pfeifenraucher« wurde 1980 gegründet und hat rund 400 Mitglieder. Die Mitgliedsgebühr beträgt zurzeit 10,22 Euro pro Monat. Übrigens sind hier Raucher und Nichtraucher willkommen! Die Bar allerdings, so viel sei gleich verraten, muss sich dem spanischen Gesetz zum Schutze von Nichtrauchern fügen, es darf auch hier nicht geraucht werden, nicht einmal Pfeife. Von Zeit zu Zeit treffen sich die Clubmitglieder zu Versammlungen, um neue Tabake auszuprobieren. Nur auf diesen geschlossenen Versammlungen ist Rauchen erlaubt.

In verstaubten Vitrinen lagert eine recht umfangreiche Pfeifensammlung – hier lernt man den Unterschied zwischen den Modellen Dublin, Panel, Pot, Yacht, Bent Bulldog oder Oval kennen.

Der »Sala Borkum Riff«, benannt nach einem bekannten Pfeifentabak, dient als Konzertsaal. Im hinteren Bereich des Clubs gibt es einen Billardtisch, daneben die Bar namens »Sherlock Holmes«. Dekoriert ist alles im »britischen Stil«, mit einer Prise Shabby Chic. Man erkennt noch deutlich die Konturen der früheren Wohnung, eine Schiebetür verbindet den Club mit der benachbarten, ebenfalls etwas in die Jahre gekommenen Pension.

Montag und Dienstag ist der Konzertsaal für Tango und Milonga reserviert, sonntags ist eine Jam Session verschiedener Musiker am Start. Ab und zu finden Theater, Jazzkonzerte oder Lesungen statt. Die Preise der Bar haben es allerdings in sich, ein Bier kostet rund vier Euro.

Adresse Plaza Reial 3, Principal, 08002 Barcelona, Barrio Gótico, Tel. 0034/933024732, www.bpipaclub.com | **ÖPNV** Metro L3, Haltestelle Drassanes | **Öffnungszeiten** täglich verschieden, siehe Homepage – oder einfach klingeln! | **Tipp** Noch eine Kuriosität an der Plaza Reial, die kaum jemand kennt: Am Plaza Reial 12 befindet sich im Erdgeschoss ein Hare-Krishna-Tempel, Eintritt frei!

84 Das Pla de la Garsa

Mittelalterliche Schenke für katalanische Gaumenfreuden

Die Altstadtgasse, an der dieses Restaurant liegt, so erzählt die Wirtin, sei früher eine bekannte Straße für Nutten und das Lokal eines jener Etablissements gewesen, die von Herren gern aufgesucht wurden. Davon ist heute nichts mehr zu sehen, im Internetauftritt des Lokals wird diese Episode auch nicht erwähnt. Es heißt lediglich, dass das Haus aus dem 17. Jahrhundert datiert und dass hier einmal die Arbeiter vom nahen Mercat del Borne ihr Essen bekamen.

Geschichtlich Interessierte kommen trotzdem auf ihre Kosten, denn das Pla de la Garsa ist eine echte Reliquie seiner Zeit. In dem verwinkelten Gastraum stehen noch die alten Kühlschränke aus Holz, eine enge Wendeltreppe windet sich hinauf in den ersten Stock, wo ein Zimmer mit wunderbaren Buntglasfenstern für private Anlässe zur Verfügung steht. An den Wänden hängen Poster aus der Zeit des Art Nouveau. Das Pla de la Garsa ist ein Refugium des Katalan – Speisekarten auf Spanisch gibt es nicht, aber auf Englisch, immerhin. Die Kunden sind allerdings fast immer des Katalan mächtig.

Der Service ist superflink, was auch kein Wunder ist: An manchem Abend sind drei adrett gekleidete Bedienungen für fünf Gäste zuständig. Mit der Speisekarte will man dem katalanischen Essen des Mittelalters eine Reverenz erweisen. Das »Tast«-Menü für 17,95 Euro umfasst fünf Gänge: Toast mit verschiedenen Pasten wie Hummus und Artischocke, Bagna Caöda, ein katalanisches Fondue, geräucherte katalanische Wurstspezialitäten, Beef bourguignon und zum Abschluss drei Käsespezialitäten aus Kuh- und Ziegenmilch. Die Nachspeisekarte ist äußerst umfangreich und zeugt von katalanischem Humor: Für 9,40 Euro gibt es die »Klosterspezialität«, die aus der »Faust von Christus, dem Lächeln der Madonna, den Eiern des Judas, Nonnenfürzen und Messwein« besteht. Man kann aber auch einfach mit Schokolade umhüllte Mandeln aus Vilafranca bestellen.

Adresse Calle dels Assaonadors 13, 08003 Barcelona, Sant Pere, Tel. 0034/933152413, www.pladelagarsa.com | ÖPNV Metro L 4, Haltestelle Jaume I oder Bus 120, Haltestelle Pons Clerch | Öffnungszeiten täglich 20–1 Uhr | Tipp Ein Kuriosum, die wahrscheinlich kleinste Bar Barcelonas, liegt um die Ecke im Treppenhaus eines Wohnhauses, es gibt sogar eine »Kuschelecke« unter der Treppe. Bar Pasajes, Calle Sant Pere Més Alt 31–33.

85 Die Plaza de Lesseps

Kunst oder Baustelle?

Barcelona ist eine Stadt, die viel Historisches konserviert, gleichzeitig aber jeder Art von Modernisierung fast euphorisch gegenübersteht. Nirgends wird dies so deutlich wie an der Plaza de Lesseps. Der große Platz, der die Schnittstelle zwischen den Bezirken Gràcia und Sarrià markiert, war einst Knotenpunkt von Straßenbahnlinien und Sitz des Karmeliterinnenklosters Santa María de Gràcia. Seine erste Reform erlebte der Platz 1950, damals wurde die »Plaza de la Creu« nach dem Erschaffer des Suez-Kanals, Ferdinand de Lesseps, umbenannt, der seine Wohnung in einem Turm direkt am Platz hatte. Eines der architektonischen Prunkstücke des Platzes ist die Casa Ramos, von Jaume Torres i Grau im modernistischen Stil erbaut, verziert mit Ornamenten in gelber und oranger Farbe. Aus einer völlig anderen Zeit hierher gebeamt scheint die Dorfkirche Iglesia dels Josepets aus dem 16. Jahrhundert mit ihrer steilen Treppenanlage.

Ansonsten befinden sich am Platz nur hohe, gesichtslose Wohnblöcke. Die verkehrsreiche Travessera de Dalt, die früher über den Platz verlief, wurde in einen Tunnel verlegt, und an den beiden Eingängen entwarfen die Architekten spitz zulaufende Tunneldächer, die zusammen mit den anderen Bauten des letzten Umbaus des Platzes im Jahr 2005 eine merkwürdige Stilmischung ergeben. Man kann kaum auseinanderhalten, welche Stahlkonstruktionen zur Baustelle der neuen U-Bahn gehören und welche die neuartigen Kunstwerke sind.

Da gibt es einen Wasserfall (Suez!), der aus fünf Metern Höhe mitten auf dem Platz aus einer Rinne schießt, da sind gigantische Blumenkübel, die in Trögen fünf Meter über dem Platz schweben. Eine kleine, halbrunde Arena soll wohl Passanten einen Platz zum Verweilen bieten, während dahinter ein Bouleplatz angelegt wurde, der allerdings nicht genutzt wird. Ebenfalls aus dem Jahr 2005 stammt die hypermoderne Stadtteilbibliothek Jaume Fuster.

Adresse 08012 Barcelona, Gràcia | ÖPNV Metro L3, Haltestelle Lesseps | Tipp Geschichtenzuhörer und Geschichtenerzähler haben einen Treffpunkt bei La Casa de los Cuentos, Ramón y Cajal 35 (http://lacasadeloscuentos.info).

86 Das Queviures Murria

Ein Affe im Schaufenster

Ein traditionelles Feinkostgeschäft mit einem wohlsortierten Angebot, so könnte man es nennen. Queviures Murria ist aber eigentlich viel mehr. Es gibt Käsespezialitäten wie den Tupí oder Mahón-Käse aus Menorca zu kaufen, den berühmten Jamón Ibérico, Kaviar und Räucherfisch, eine gute Auswahl an spanischen Weinen und mehr als 100 Whiskeysorten, Olivenöle, Schokolade aus Katalonien, Kaffee und Tee.

Im Jahr 1898 wurde dieser »Colmado« eröffnet, damals noch im Bezirk Ensanche gelegen. Ursprünglich war der Laden ein Café mit Waffelrollenherstellung.

In der Mitte der Schaufenster ist ein handgemaltes Porträt einer schwarzhaarigen Dame im geblümten Kleid zu sehen, die einen Affen an der Hand hat, der wiederum eine Likörflasche unter dem Arm trägt. Das Gemälde stammt vom Maler Ramón Casas, einem modernistischen Maler, der in Barcelona für seine Grafiken bekannt war. Es ist höchst wertvoll, auch wenn es nicht das Original ist. Das befindet sich im Besitz der Familie Osborne. Im Jahr 1898 hatte Ramón Casas einen Wettbewerb gewonnen, der von der Destillerie Bosch in Barcelona ausgeschrieben worden war. Der Sieger sollte das Logo des Affen-Anisette unsterblich machen und es zugleich mit einer geschichtlichen Episode verbinden. Casas ließ sich von Charles Darwins Traktat »Über die Entstehung der Arten« inspirieren, ein Buch, das 1859 veröffentlicht worden war. Seine Interpretation von Darwins Theorie, dass der Mensch vom Affen abstamme, stellt eine leicht ironische Variante dar. Das Getränk wurde zu einem Verkaufsschlager, und andere Anis-Firmen versuchten, mit wenig Erfolg, auf diesen Zug aufzuspringen.

Den »Anís del Mono« gibt es übrigens heute immer noch, er wird in Badalona in einer Manufaktur direkt am Strand hergestellt. Die Flasche mit der geriffelten Oberfläche ist ein in ganz Spanien bekanntes Symbol.

Adresse Roger de Llúria 85, 08009 Barcelona, Eixample, Tel. 0034/932155789, www.murria.cat | **ÖPNV** Metro L2, L3, L4, Haltestelle Paseo de Gràcia | **Öffnungszeiten** Di–Do 9–14 Uhr und 17–21 Uhr, Fr 9–21 Uhr, Sa 10–14 Uhr und 17–21 Uhr | **Tipp** Interessante Ausstellungen zum Design aus Barcelona finden oft im Palau Robert, Paseo de Gràcia 107 statt.

87_Rateros

»Elegantes Andribbeln« ist die neue Masche

Taschendiebe, »rateros« genannt, lassen sich immer wieder Neues einfallen. Ohne Gewalt und vor allem nachts lauern sie in der Gegend um die Plaza Catalunya, dem zentralen Anlaufpunkt der meisten Barcelona-Touristen. Nachschub trifft hier täglich in rauen Mengen ein. Dabei machen es die Sauftouristen – etwa grölende Männergruppen auf Junggesellenabschied, mit Plastikpenissen auf der Mütze und der obligatorischen Bierdose in der Hand – den »rateros« ziemlich einfach.

Zu zweit oder dritt nähern sich die Gauner dem Opfer und machen auf gute Laune. Wer singt, der wird unterstützt, wer tanzt, dem kommen gut gelaunte Partner zur Seite. Solch einem sympathischen Bekannten kann man in Südeuropa auch schon mal den Arm auf die Schulter legen, Körperkontakt ist in Spanien bekanntlich alltäglich. Und im passenden Augenblick passiert dann das, was in der Szene in Barcelona als »Ronaldinho« bekannt ist: Der Angreifer dribbelt sich elegant an sein Opfer heran und schnappt in einem unbemerkten Augenblick den Ball – pardon – das Portemonnaie weg. Welches dann ebenso flink und unbemerkt einem Dritten übergeben wird, der sich schnell entfernt. Bemerkt das Opfer den Diebstahl, tut »Ronaldinho« arglos: ER sei es nicht gewesen. Wenn das Opfer ihn verdächtige, möge er ihn doch bitte zur Polizeiwache führen …

Neben der neuen »Ronaldinho-Technik« gibt es natürlich noch weitere Tricks: Einige verkleiden sich als Werber für karitative Vereine, um sich ihren Opfern unauffällig nähern zu können, andere legen in einem Café einen Mantel über ihren Arm, um so unauffällig in Handtaschen greifen zu können.

Und die Polizei? Die ist zwar zahlreich vor Ort, doch Diebstähle bis zu 400 Euro gelten in Spanien nur als Delikt. Nach einer Anzeige auf dem Revier muss die Guardia Urbana den Täter leider laufen lassen. Laut »TripAdvisor« ist Barcelona die europäische Metropole des Taschendiebstahls …

Adresse Plaza Catalunya | **ÖPNV** Metro L 1, L 2 und L 3, Haltestelle Plaza Catalunya | **Öffnungszeiten** Tag und Nacht, 365 Tage pro Jahr | **Tipp** Keinen auffälligen Schmuck tragen, keine teuren Armbanduhren, Handtaschen nicht auf dem Boden im Café abstellen und Beutel nicht an den Haken hängen. Portemonnaies nicht in der Gesäßtasche tragen, und auch nicht in die Außentasche im Rucksack stecken!

88 Das Refugi 307

Eintauchen in die Erinnerung an den Bürgerkrieg

Viel schlimmer als der Zweite Weltkrieg ist den älteren Menschen in Barcelona der Spanische Bürgerkrieg in Erinnerung. Zwischen 1936 und 1939 kämpften Truppen der demokratisch gewählten Volksfrontregierung der Zweiten Spanischen Republik gegen die rechtsgerichteten Putschisten unter General Franco, der bekanntlich am Ende siegte. In dieser Zeit wurden in Barcelona mehr als 1.000 Luftschutzkeller gebaut; einer davon, Nummer 307, wurde 1995 bei Bauarbeiten wiederentdeckt und ist heute zu besichtigen. Er war einer der größten Luftschutzkeller der Stadt mit Platz für rund 2.000 Personen aus dem dicht besiedelten Viertel Poble Sec.

Aus Angst vor Querschlägern baute man den Gang im Eingangsbereich in S-Form. Der gesamte Keller wurde damals, wie alle anderen auch, in Handarbeit von der Bevölkerung ausgehöhlt. Da es kein Frühwarnsystem gab und die Bombenflieger der Luftwaffe von Franco und von Mussolini, die von Mallorca aus starteten, nur am Geräusch erkannt werden konnten, hatte die Bevölkerung nicht viel Zeit, um zu den Luftschutzkellern zu rennen. Deswegen wurden sehr viele dieser Räumlichkeiten angelegt, um die Wege zu verkürzen.

Refugi 307 war einer der komfortabelsten Luftschutzkeller seiner Zeit. Er verfügte über eine Krankenstation, Toiletten und einen Akku, der für zwei Stunden elektrisches Licht sorgte. Weil der Keller unter dem Montjuïc liegt, gab es sogar Wasser aus einer Bergquelle. Eine Entlüftung wurde absichtlich nicht angelegt, weil man sich vor chemischer Kriegsführung fürchtete. Nach dem Bürgerkrieg wohnte eine andalusische Familie mehr als zehn Jahre hier, später wurden Pilze gezüchtet. Refugi 307 war der einzige Keller, der von Francos Truppen nicht geschlossen wurde.

Die meisten anderen sind heute nicht mehr erhalten, sie fielen der Renovierung des Abwassersystems und dem Bau unterirdischer Parkhäuser zum Opfer.

Adresse Calle Nou de la Rambla 169, 08001 Barcelona, Poble Sec, Tel. 0034/932562122, www.museuhistoria.bcn.cat | ÖPNV Metro L2, L3, Haltestelle Paral·lel | Öffnungszeiten Sa, So 10–14 Uhr, Anmeldung wird empfohlen | Tipp Wer mehr über den Spanischen Bürgerkrieg erfahren möchte, kann eine englischsprachige Civil War Tour für 20 Euro buchen (http://iberianature.com/).

89 Reial Acadèmia de Medicina

Feierliches Ambiente für die Leichensezierung

Argentinier sind wohl eDen Termin – der Vorlesungssaal ist nur am Mittwochvormittag zu besichtigen – lohnt es sich vorzumerken. Der vom Architekten Ventura Rodríguez gebaute anatomische Vorlesungssaal ist ein Meisterstück der neoklassizistischen Architektur. Hier hat die Königliche Akademie der Medizin ihren Sitz.

Gleich hinter der Eingangstür linker Hand befindet sich ein repräsentativer Versammlungsraum. Auf der rechten Seite geht es zum Vorlesungssaal, der kreisrund ist und über eine imposante Kuppel verfügt. Von ihr hängt ein nicht minder imposanter Kronleuchter herab, der dem Saal ein feierliches Ambiente verleiht. Die Ausstattung mit den hohen, herrschaftlichen Stühlen, dem Lesepult, das einem Altar gleicht, den riesigen Buntglasfenstern und den Sitzen auf der Empore flößt jedem Besucher Respekt ein. Der Marmortisch in der Mitte des Saals diente zur Sezierung von Leichen. Damit das Blut abfließen konnte, hat er ein Loch in der Mitte.

Der Saal wurde nah des Hospitals de la Santa Creu errichtet, weil man auf diese Weise regelmäßig Nachschub an Leichen hatte. Die außergewöhnlichste Operation, die damals durchgeführt wurde, war die Teilung eines siamesischen Zwillingspaares im Jahr 1770!

In der vorderen Stuhlreihe, halbkreisförmig um den Seziertisch herum arrangiert, nahmen die Autoritäten Platz. Zwischen den hohen Fenstern findet sich eine Reihe von Büsten, die namhafte Personen aus der Welt der Medizin von Barcelona darstellen, zum Beispiel Ramón y Cajal, Servet und Mata. Das Gebäude war zunächst Teil der Akademie für Chirurgie, bis 1904 gehörte es zur medizinischen Fakultät der Universität von Barcelona. Danach diente es als Ausbildungszentrum, bis es 1920 der königlichen Akademie der Medizin angegliedert wurde.

Einmal pro Jahr treffen sich hier Schriftsteller des benachbarten Instituts der katalanischen Sprache, um Änderungen im Vokabular des Katalanischen zu diskutieren.

Adresse Real Acadèmia de Medicina de Cataluñya, Calle del Carme 47, 08001 Barcelona, Raval, Tel. 0034/933171686, www.ramc.cat | ÖPNV Metro L3, Haltestelle Liceu | Öffnungszeiten Mi 10–12 Uhr | Tipp Gegenüber des Vorlesungssaales befindet sich das Institut d'Estudis Catalans. Der Innenhof mit Säulengängen des ehemaligen Hospital de la Santa Creu aus dem 17. Jahrhundert ist mit wunderschönen Azulejos-Fliesen verziert.

90_Das Rekons

Klares Wasser für den kleinen Hunger zwischendurch

ine der größten Immigrantengruppen in Spanien. Im Land sind insgesamt rund 300.000 offiziell gemeldet. Oft erkennt man sie daran, dass sie ein kleines Kännchen mit einer Art Strohhalm mit sich tragen – kein Argentinier kann auf seinen Matetee unterwegs verzichten!

Eine gute Gelegenheit, Argentinier und ihre Speisen kennenzulernen, ist ein Imbiss in einer Empanada-Bar. Eine der besten von Barcelona ist das Rekons. Der Name stammt aus dem Quechua, der Eingeborenensprache, und bedeutet »klares Wasser«. Die Blätterteigtaschen kosten zwischen zwei und drei Euro, sie sind immer frisch und werden warm oder kalt serviert. Es gibt sie mit den verschiedensten Füllungen: mit Spinat und Käse, mit Hackfleisch, Auberginen, Pilzen, Spargel, Schinken, Mais oder, weil man auch Katalanen unter den Kunden hat, mit Chorizo oder Butifarra, der katalanischen Blutwurst.

Sogar Soja-Hamburger, die nicht mal schlecht schmecken, gehören zum Angebot der Empanada-Bars. Leider gibt es die richtig scharfen Empanadas, wie man sie aus Argentinien kennt, hier nicht. Anscheinend mag man es in Katalonien eher mild gewürzt. Das Hauptnahrungsmittel ist in Argentinien natürlich nach wie vor Rindfleisch, pro Kopf verzehrt man davon mehr als 200 Kilogramm pro Jahr! Die beliebteste Empanada ist entsprechend die mit Rinderhackfleisch und Zwiebeln, die mit Rosinen und Kümmel verfeinert werden kann. Es gibt auch eine spanische Variante der Empanada, sie stammt aus Galicien und wird meist mit Thunfisch, Tomaten und Zwiebeln gefüllt. Man findet sie in vielen Tapasbars und Bäckereien der Stadt.

Auch im Nachtleben Barcelonas findet man Argentinier, vor allem bei den berühmten Milongas, den Tango-Nächten. Es gibt sie unter anderem im Pipa Club, im Café Teatro Picasso und sonntagabends unter freiem Himmel im Ciutadella-Park.

Adresse Comte d'Urgell 32, 08011 Barcelona, Eixample, Tel. 0034/934246383, www.rekons.org | ÖPNV Metro L 2, Haltestelle Sant Antoni | Öffnungszeiten täglich 10–24 Uhr | Tipp Wer sich – wie die Argentinier – einmal richtig mit Fleisch satt essen möchte, sollte »9 Reinas«, Neun Königinnen, probieren (www.nuevereinas.com). Neben den Empanadas gibt es hier argentinisches Angus-Filet oder die viel gepriesene gegrillte Flanke.

91_Restaurante Sempronia

Tolle Idee für Kinder, Entspannung für die Eltern

Eltern mit Kindern einmal die Chance auf ein entspanntes Mittagessen zu geben, das war die Idee von Ada Parellada. Ihr Restaurant Semproniana im Stadtteil Eixample wirkt schon auf den ersten Blick recht verspielt: Überall hängen verschiedene phantasievolle Lampen von der Decke, auf die Speisekarte ist eine silberne Gabel geheftet, die englische Speisekarte bildet das Etikett einer Weinflasche, und das preisreduzierte Degustationsmenü steht auf einem derart kleinen Zettel, dass der Kellner dazu ungefragt eine Lupe serviert.

»Seit einigen Jahren biete ich jeden Sonnabend zum Mittagessen einen Kochkurs für Kinder zwischen vier und zehn Jahren an«, erzählt Parellada. Das Konzept: Die Eltern essen ungestört im Gastraum zu Mittag, während die Kinder im Nebenraum kochen, backen und werkeln, unter der Aufsicht von zwei Erzieherinnen. Und wer den Kindern beim Gemüseschnipseln und Teigkneten zusieht, ist erstaunt, mit welcher Konzentration und Begeisterung der angeblich computergeschädigte Nachwuchs bei der Sache ist. »Wir machen immer Gerichte, die möglichst wenig Arbeit am Herd, dafür aber mehr manuelle Fähigkeiten verlangen«, beschreibt Parellada die Auswahl der Gerichte.

Die kleinen Köche arbeiten alle zusammen an einem großen Tisch und haben altersgerechtes Werkzeug wie Kinderscheren, Plastikschüsseln und Holzbretter zur Hand. Beliebte Gerichte sind Pizza Calzone, Käsekuchen oder Tortellini. Ist die Pizza fertig belegt oder der Kuchen in der Form, kommt für die Kids der Höhepunkt: In einer Polonaise präsentieren sie ihr »Werk« zusammen mit den Erzieherinnen den Gästen im Restaurant, und der Stolz ist dabei auf ihre Gesichter geschrieben.

Die fertigen Gerichte dürfen sie – gut eingepackt – mit nach Hause nehmen. »Das ist ganz wichtig für die Kinder, wenn das einmal nicht passiert, schlagen sie Alarm«, erinnert sich Parellada. Der Workshop kostet pro Kind 20 Euro.

Adresse Calle Rosselló 148, 08036 Barcelona, Eixample, Tel. 0034/934531820, www.semproniana.net | **ÖPNV** Metro L 3, L 5, Haltestelle Diagonal | **Öffnungszeiten** Mo–Sa 13.30–16 Uhr und 21–23.30 Uhr | **Tipp** Wer in einem authentischen modernistischen Palais wohnen möchte, sollte im »El Palauet« am Paseo de Gràcia 113 einchecken (www.eplivingbarcelona.com).

92 Skateboarding

Das Brett mit vier Rollen ist immer noch in

»Hier können wir noch ungestört fahren, auf den Straßen ist es ja nicht mehr erlaubt«, sagt einer der Jungs, die vor dem Museum für zeitgenössische Kunst im Raval die Rampe hinuntersausen. Der Platz mit seinen schrägen Auffahrten, Treppen und glatten Flächen ist wie gemacht für Skater, die sich hier allabendlich versammeln. Die meisten sind Jungs im Alter zwischen 15 und 20, einige wenige Mädchen proben ebenfalls Schwünge. Doch richtige Slides, Flips und Ollies sieht man eher beim männlichen Geschlecht. Gegen weibliche Bewunderung haben jedoch die wenigsten Cracks etwas, dafür probt man auch schon mal mit freiem Oberkörper.

Die Gewohnheit der Stadtverwaltung, jede sich bietende freie Fläche zuzubetonieren, kommt den Skatern nur entgegen. Am Strand von Mar Bella gibt es zwar eine extra Rampe für Skateboarder, doch so weit muss man gar nicht rollen. Beste Konditionen bieten zum Beispiel die Calle de Frederic Mompou, der Port Olimpic, der Platz vor dem unterirdischen Bahnhof Sants, die Plaza Universitat, das Forum, Los Porchos oder die Endstation der Metro Can Zam. Doch auch im hügeligen Stadtteil Gràcia sieht man Studenten öfters mit iPod und Brett durch die Straßen rollen.

Wer sich die zahlreichen Clips auf YouTube ansieht (Stichwort: Skate Barcelona), versteht, warum manche extra nach Barcelona reisen, um hier ihrem Hobby zu frönen. Einige Magazine nennen Barcelona sogar die »Skateboard Capital of the world«, was vielleicht etwas übertrieben ist.

Das Klima spielt eine Rolle – schließlich hat Barcelona im Schnitt mehr als 300 Sonnentage im Jahr. Dazu kommt die Symbiose aus Street Art, Graffiti, Mode und Musik, die ein ideales Umfeld für die Skater-Kultur bildet.

Weil Englisch in Spanien aber immer noch eine sehr exotische Sprache ist, hat man auch für das Skateboard einen spanischen Namen: »Monopatín«.

Adresse MACBA, Plaza del Àngels 1, 08001 Barcelona, Raval | **ÖPNV** Metro L 3, Haltestelle Liceu | **Tipp** Die »Associació de Patinadors de Barcelona« veranstaltet regelmäßig Rundfahrten für Rollerblader und Skater durch die Stadt, meist nachts (www.patinarbcn.org).

93 Das Stand-up Paddle Surf

Surfen ohne Segel, aber mit Laune

»Wellen sind eigentlich kein Problem, schwierig wird es bei starkem Wind«, erklärt Javier Bartra, der eine Stand-up-Surfschule im Puerto Olimpico betreibt, in dem markanten weißen Gebäude am Ende des Steges, wo auch Segelschulen ihren Sitz haben. Ein zweistündiger Kurs für Anfänger kostet 60 Euro, danach ist man meist fit genug, um selbst auf den Wellen zu paddeln. Deswegen nennt sich der Sport auf Englisch auch Paddle Surfing. Das Brett ist mit einer Schlaufe mit einem Fußgelenk verbunden, in der Hand hat man den »Paddel«, mit dem man jeweils im Knien oder im Stehen paddeln kann. Mehr Ausrüstung ist nicht nötig.

Entstanden ist Paddle Surfing bereits in den 60er Jahren auf Hawaii, dort nennt man es Hoe he'e nalu. An den Stränden Barcelonas wird das Stand-up Paddling immer beliebter, besonders bei Frauen. »Wir haben rund drei Viertel weibliche Kunden«, erzählt Javier. Warum das so ist, weiß er auch nicht. »Vermutlich fühlen sich die Frauen auf dem Board sicherer als beim Windsurfing.« Auch die Erfolgserlebnisse kommen hier viel schneller, jeder Windsurfschüler weiß ein Lied davon zu singen. Man hat das Gefühl, über das Wasser zu laufen, wer will, kann sich dabei sogar mit seinen Freunden unterhalten.

Javier plant schon die nächsten Trendsportarten: Demnächst wird es Yoga-Unterricht auf dem Board (auf dem Meer!) geben, auch Gymnastikarten sind geplant. Unterrichtssprache ist Englisch oder Spanisch. Stand-up Paddling ist im Gegensatz zu Wasserski oder Jetski wesentlich ruhiger, nachhaltiger und umweltfreundlicher – ein Grund mehr, es zu probieren. Gepaddelt werden kann das ganze Jahr, nur im Sommer darf man nicht zu nahe in Strandnähe kommen – die gelben Bojen markieren das Revier der Badegäste. Auch in Deutschland gewinnt das Stand-up Paddling mehr und mehr Freunde – man kann die Paddler auf Flüssen, Seen und Kanälen entdecken.

Adresse Centro Municipal de Vela de Barcelona, Puerto Olimpico, 08005 Barcelona, Poble Nou, Tel. 0034/934365789, www.stand-up-surf.com | **ÖPNV** Metro L 4, Haltestelle Vila Olimpica | **Tipp** Einfacher ist eine Fahrt mit dem neuen Eco-Katamaran, der mit Solarzellen, Windturbinen und einem Benzintank ausgestattet ist. Ein Ticket vom alten Hafen zum Olympiahafen kostet sieben Euro (www.barcelonanavaltours.com).

94_Der Strand

Baden neben dem Kraftwerk

Eine Großstadt, die über vier Kilometer Strände verfügt, ist schon etwas Besonders. Der wohl hässlichste Strandabschnitt befindet sich nördlich des Flusses Besòs im Stadtteil Sant Adrià, er wird dominiert von einem stillgelegten Kraftwerk, dessen drei riesige Türme bedrohlich in den Himmel ragen. Immerhin gibt es einen beliebten »Chiringuito«, wie sich die Strandbars in Spanien nennen, das Mac Arena Mar. Hier trifft man eher selten Touristen, dafür aber umso mehr Einheimische.

Viele Strandabschnitte in Barcelona wurden erst im Zuge der Olympischen Spiele 1992 angelegt, mit Import-Sand aus Afrika. Vorher war die Strandzone ein Gebiet, in dem sich mittellose Immigranten auf dem nackten Boden Hütten aus Wellblech bauten, die heute restlos verschwunden sind.

Südlich des Besòs gibt es eine Badezone im Parc del Fòrum, zwar ohne Sandstrand, dafür aber mit einem Meerwasserbecken. Daran schließt sich die Playa de la Mar Bella an, ein Abschnitt, den die Schwulen in Beschlag genommen haben, darunter auch viele Nacktbader. Seit Neuestem ist es in Barcelona nicht mehr erlaubt, mit Bikini oder ohne Hemd in der Stadt herumzulaufen. Waren bis vor Kurzem noch viele Nacktbader an der Barceloneta anzutreffen, ist dies mittlerweile auf den Strandabschnitt Mar Bella beschränkt.

An die Mar Bella schließt sich die Playa del Bogatell an, die zu den Olympischen Spielen angelegt wurde. Weiter Richtung Barceloneta kommt die Playa de la Nova Icària, die direkt neben dem Olympia-Hafen mit seinen vielen Restaurants und Kneipen liegt.

Den längsten Abschnitt haben die beiden Strände Playa de Sant Sebastià und Playa de la Barceloneta mit 1,1 Kilometern, die sich bis zum neuen Hotel W ziehen. Sie sind im Sommer am vollsten, nicht nur mit Sonnenanbetern, sondern auch mit Bierdosenverkäufern, Tattoo-Malern und Masseurinnen. Und leider auch mit Taschendieben.

Adresse 08003 Barcelona, Barceloneta | **ÖPNV** Metro L 4, Haltestelle Barceloneta | **Tipp** Eine permanente Fotoausstellung an der Promenade des Strandes Playa de Sant Sebastià zeigt mit historischen Schwarz-Weiß-Aufnahmen, wie der »Strand« von Barcelona vor 50 Jahren aussah.

95 Straßenmöbel

Montagabend ist Möbelmarkt auf den Straßen der Stadt

»Madera Madera?« Echtes Holz? Ein Brett aus Massivholz? Bei dieser Frage müssen viele sogenannte Tischler in Barcelona verneinen. Pressspanplatten haben sich flächendeckend durchgesetzt, nicht nur beim schwedischen Möbelriesen, der zwei Filialen in Barcelona betreibt. Auch beim Bodenbelag aus Parkett sieht es düster aus, die meisten Wohnungen im unteren Preissegment sind mit Laminat oder Fliesen ausgelegt. Wem die Spanplatten für die häuslichen Möbel zu instabil sind, der muss sich auf die Suche machen, es sei denn, man will Unsummen für die maßgefertigten Möbel ausgeben – oder man mietet eine der möblierten Wohnungen, die oft recht rustikal eingerichtet sind.

Wahrscheinlich muss man es so machen wie die meisten Barceloner mit Möbelproblemen: Montagnacht auf Pirsch gehen. Montagabends stellen die Leute an jeder zweiten Straßenecke der Stadt ausgediente Möbel ab. Zerlegte Kleiderschränke stehen da neben Stühlen, Betten, Lattenrosten und alten Holzbrettern. Es ist der Tag, an dem die Müllabfuhr kostenlos Möbel abholt.

Der Menge der Sachen nach zu urteilen, haben Barceloner ein Faible für Möbelkauf, anscheinend veralten Einrichtungsgegenstände in Nordostspanien sehr schnell. Je nach Stadtviertel findet man abgenutzte Ikea-Möbel, antike spanische Korbstühle oder auch ziselierte Glasvitrinen in bester Qualität. Manchmal erstaunt es, was die Leute ausrangieren.

Auf diesen Antikmöbeltag haben sich natürlich schon viele Hobbyrenovierer und Flohmarktfuzzis eingestellt und fahren mit Kleinlastern langsam durch die Straßen; Pakistaner schieben mit überquellenden Einkaufswagen hinterher.

Augen aufmachen kann sich durchaus lohnen: manche Leute wissen nicht, was eine handgefertigte Vitrine aus den 60er Jahren, mit Glastüren und verspiegelter Innenauskleidung, wert ist.

Adresse Montagabend in allen Straßen der Stadt | **Tipp** Designermöbel kann man besichtigen im Designmuseum Disseny Hub, Montcada 12 (www.dhub-bcn.cat). Ende 2013 soll der Neubau am Plaza de las Glorias bezogen werden!

96 Die Swing-Schule

Swing ist in Barcelona wieder auf dem Vormarsch

Auf einmal ging alles ganz schnell: Die Passanten, die sich auf der belebten Plaza Catalunya scheinbar zufällig getroffen hatten, stellten sich in Reihen auf. Eine tragbare Musikanlage wurde eingeschaltet, und los ging der Shim Sham, ein Stil des Swing, der in einer festgelegten Choreografie getanzt wird. Die gut 100 Tänzer und Tänzerinnen hatten sich vorher per Internet abgesprochen und zu einem »Swing Flash Mob« zusammengefunden. In der Swing-Tanzschule »Swing Maniacs« gab es zur Vorbereitung einen kostenlosen Workshop, denn die Choreografie dieses speziellen Tanzes wird üblicherweise nicht so oft gelehrt.

Ganze 14 Swing-Tanzschulen gibt es in der katalanischen Hauptstadt mittlerweile, manche von ihnen stilecht in Hinterzimmern von düsteren Kneipen untergebracht. Jordi, begeisterter Swing-Tänzer, hat mit seiner Partnerin Jana die größte Swing-Schule Barcelonas in einer alten Fabrik in Gràcia eröffnet. In fünf Sälen finden täglich mehrere Kurse für jedes Niveau statt, auch Balboa, Blues, Charleston und Claque werden unterrichtet. Jeden Abend von 22 bis 0 Uhr treffen sich Tänzer im großen Saal zur »Jam«, die für alle offen ist.

Dank des Klimas müssen Tanzschüler sich in Barcelona nicht nur auf Ballsäle beschränken, sondern können auch die Plätze und Parks der Stadt nutzen. Regelmäßig am Sonntag karren die Mitglieder der »Associació de Swing de Barcelona« ihre Musikanlage auf lauschige Plätze, bevorzugt im alternativen Stadtteil Gràcia, um den Tänzern und Tänzerinnen mit Stücken von Teddy Wilson, Count Basie, Benny Carter oder Coleman Hawkins einzuheizen. Im Sommer auch an der Barceloneta, dem Stadtstrand von Barcelona. Über das stilechte Outfit machen sich dabei die wenigsten Gedanken, man sieht höchstens Riemchensandalen oder Hosenträger. Höhepunkt der Swing-Aktivitäten ist der monatliche Ball im Sala Apolo, dabei spielt das Barcelona Jazz Orquestra.

Adresse Swing Maniacs, Calle Torrent d'en Vidalet 57, 08024 Barcelona, Gràcia, Tel. 0034/931876985, www.swingmaniacs.com | **ÖPNV** Metro L3, Haltestelle Fontana | **Öffnungszeiten** Mo–Fr 11–23 Uhr | **Tipp** Einen Überblick über Swing-Ereignisse der Stadt listet www.bcnswing.org auf. Das stilechte Outfit hat »Le Swing«, Rec 16 (www.leswingvintage.com) vorrätig.

97_Taiji

Schattenboxen im schattigen Park

Was New Yorker im Central Park können, können Katalanen am malerischen Fuß des Montjuïc schon längst. Am Wochenende sieht man meist ältere Semester in Sportkleidung, die die langsamen, bedächtigen Übungen des Taijiquan, auch chinesisches Schattenboxen genannt, ausführen. Taiji zählt zu den am häufigsten praktizierten Kampfkünsten. Für viele ist es allerdings eher eine Art Gymnastik, die auch meditative Aspekte enthält. Eine »Form« setzt sich aus mehreren »Bildern« zusammen, die in ihrer Abfolge festgelegt sind. Manche klingen recht poetisch, zum Beispiel »Der weiße Kranich breitet seine Flügel aus«.

»El paso de tigre« ist dabei so etwas wie ein Grundschritt, der Anfängern zuerst beigebracht wird. Erst wenn die Anfangsschritte traumwandlerisch fest sitzen, darf man bei den Gruppenübungen mitmachen. Der Körper soll nämlich beim Üben entspannt sein. Es dürfen nur die Muskeln angespannt werden, die für die jeweilige Übung benötigt werden.

Wer neu dabei ist, um den kümmert sich ein erfahrener Trainer in einer Extra-Gruppe für Anfänger. Eine weitere Extra-Gruppe, die Fortgeschrittenen, übt den Zweikampf, bei dem Waffen wie Säbel, Langstock, Schwert oder Speer eingesetzt werden.

Die große Gruppe übt derweil bei dezenter Panflötenmusik. Die Anleitung gibt Dom Sales, der bereits über 70 Jahre alt ist, aber beweglich wie eine Raubkatze. Er kommt von den Philippinen, ist Journalist und Geschichtswissenschaftler, nebenbei spricht er perfekt Deutsch. In Fushun, China, erlernte er die Kunst des Taiji, die ihm half, nach der Arbeit zu regenerieren. Dann heiratete er eine Katalanin, Roser, und entschied sich, eine Taiji-Gruppe für jedermann zu gründen. Es wird Taiji der Form 42 unterrichtet sowie Form 24 Yang. Die Teilnahme ist für alle kostenlos, und nach den Übungen trifft man sich zum improvisierten Picknick bei Plätzchen und Getränken.

Adresse Parque Sapienses (neben dem Mercat de Flors), 08004 Barcelona, Montjuïc, http://taijifushun.org/ | **ÖPNV** Metro L 1, L 3, Haltestelle Plaza de España | **Öffnungszeiten** jedes Wochenende ab 9 Uhr | **Tipp** Spielgeräte für Erwachsene findet man an der Playa Bogatell, in der Nähe des Olympischen Hafens.

98 Die Taktika Berri

Ohne Tapas fehlt etwas in Barcelona

Tapas Tapas Tapas! Touristen verlassen Barcelona kaum, ohne die leckeren Häppchen probiert zu haben, die es in unzähligen Tapasbars und unzähligen Varianten gibt. Kaum jemand weiß, dass Tapas eigentlich eine südspanische Tradition sind; die Übersetzung von »tapa« ist »Deckel«. Und diesen legen Wirte in Südspanien auf das Weinglas, um zu verhindern, dass etwas hineinfällt. Da Andalusier es generell immer gut meinen, »verzieren« sie den Deckel gern mit kleinen Appetithäppchen, zum Beispiel Oliven, Salzmandeln, Scheibchen von der Chorizo, Ziegenkäse oder Sardinen – was die Küche gerade hergibt. Natürlich ohne für diese Tapas etwas zu berechnen. Katalanen sind da traditionell geiziger, jede Tapa wird hier in Euro und Cent abgerechnet.

Der letzte Trend in der Tapas-Szene in Barcelona ist die baskische Variante, die »pintxos«. Das Baskenland zählt zur kulinarisch anspruchsvollsten Region Spaniens. Die baskischen Tapas werden immer auf einer kleinen Baguettescheibe angerichtet, in der ein Holzspieß steckt, daher »pintxo«. Meist sind die Pintxos auf Tellern auf der Bar angerichtet, und man nimmt sich, was einem gefällt. Eine gute Adresse ist die Taktika Berri, eine unprätentiöse baskische Tapasbar, mit allerdings etwas sparsamen Öffnungszeiten.

Dafür kann man sich sicher sein, dass die Pintxos (pro Stück 1,45 Euro) immer frisch sind und gut schmecken. Kostprobe? Sardellen mit Oliven und Paprika am Spieß, Krebsfleisch mit Lauch in Mayonnaise, Kroketten, Tortilla Española, Ziegenkäse mit Codonyat oder rote Paprika mit Thunfisch gefüllt.

Dazu gibt es traditionell einen »Sidra«, einen baskischen Apfelwein, der immer aus einem Meter Entfernung ins Glas gefüllt werden muss, oder ein »zurrito«, wie die kleinen frisch gezapften Biere hier heißen. Am Ende zählt der Wirt die Holzspießchen auf dem Teller und schreibt danach die Rechnung. Also keine Spieße verschlucken!

Adresse Calle València 169, 08011 Barcelona, Eixample, Tel. 0034/934534759 | **ÖPNV** Metro L 5, Haltestelle Hospital Clinic | **Öffnungszeiten** täglich 13–16 Uhr und 20.30–23 Uhr | **Tipp** Deutschsprachige Tapastouren zu versteckten Adressen im Barrio Gótico und in Barceloneta kann man unter www.tapastoursbarcelona.com buchen.

99_ La Tienda del Espía

Alles für Schnüffler und Hobbydetektive

Nicht zu verfehlen ist der Laden mit der Wachsfigur eines Detektivs im Trenchcoat, mit gezückter Pistole, vor dem Schaufenster. Seit 20 Jahren ist dies die Anlaufstelle für alle, die die Sachen, die sie in Detektivromanen gelesen haben, einmal selbst ausprobieren wollen. Kostproben gefällig? Da wäre der Klassiker, die Sonnenbrille mit eingebautem Rückspiegel, oder das Hörgerät, mit dem man durch die Wand hören kann. Versteckte Kameras finden sich in Zigarettenschachteln, Feuerzeugen, Schraubenziehern oder Ringen. Es gibt sogar einen Jade-Halsschmuck für Frauen mit integrierter Kamera! Spezieller, und etwas komplizierter, ist das Telefon, das die eigene Stimme in jene eines alten Mannes, einer Frau oder eines Kindes modifiziert. Wer seinem Partner misstraut, kann hier einen »Treueteststreifen« kaufen, der innerhalb von fünf Minuten ein Ergebnis liefert. Für Hundehasser gibt es ein handliches Gerät, das Hunde – und auch Katzen – zuverlässig auf fünf bis sieben Metern Abstand hält.

Natürlich wird jede Menge Hightech angeboten: der Auto-Lokalisierer, der sich über das Handy steuern lässt, Tastaturen, die das Eingegebene auf eine Distanz von acht Metern drahtlos übertragen, Mikrofone, die über 200 Meter weit Stimmen aufnehmen können, Software, die Handys ausspioniert. Nicht ganz legal wird es bei Geräten, die Passwörter abfangen oder sogar die gesamte Aktivität eines Rechners ausspionieren.

Ungefährlich, aber sehr nützlich und zudem preiswert sind Attrappen von Alarmanlagen, Überwachungskameras oder einfach nur professionell gemachte Schilder, die auf Überwachungskameras hinweisen. Ein weiterer Service des Ladens ist die Detektivarbeit, die garantiert diskret und professionell abläuft.

Die Metallsuchgeräte, die es in der Tienda del Espía zu kaufen gibt, sieht man übrigens öfters am Abend am Strand: Dort suchen Glücksritter nach vergessenen Münzen im Sand.

Adresse Calle d'Aragó, 240, 08007 Barcelona, Eixample, Tel. 0034/932160569, www.latiendadelespia.es | ÖPNV Metro L3, Haltestelle Paseo de Gràcia | Öffnungszeiten Mo–Fr 10–14 Uhr und 17 Uhr–20.30 Uhr, Sa 10.30–14 Uhr | Tipp Detektivromane gibt es in der deutschen Buchhandlung ganz in der Nähe, der Libreria Fabre, Rambla de Catalunya 52 (www.libreriafabre.com).

100 Der Torre Bellesguard

Ein wohlgehütetes Geheimnis Gaudís

Im Stadtteil Sarrià sind Villen, die mit hohen Mauern umgeben sind, keine Seltenheit. Der Torre Bellesguard hat sogar eine recht hohe Burgmauer mit Zinnen und ist für Touristen uneinnehmbar. Das spektakuläre Gebäude Gaudís befindet sich in Privatbesitz, und die automatische Pforte öffnet sich nur für Freunde der Eigentümer. So muss man sich mit einem Blick vom benachbarten Grundstück begnügen, wo sich die Universitat Abat Oliba befindet.

An der Stelle des Torre Bellesguard, auch Casa Figueras genannt, befand sich im Mittelalter ein Sommerpalast der Könige von Aragon mit dem Namen Palau de bell Esguard (Palast zur schönen Aussicht). Dieses Bauwerk verfiel, und 1900 erhielt Gaudí den Auftrag zur Errichtung eines repräsentativen Landhauses.

Der Stil ist eine Mischung aus Gotik und mittelalterlichen Elementen. Arabische Einflüsse, wie sie die meisten anderen Bauten Gaudís aufweisen, fehlen hier. Den Turm schmückt jedoch das Markenzeichen Gaudís, das Kreuz mit den verbreiterten Enden. Es steht auf einer Krone, die der Königskrone von Aragon ähnelt. Hellgrüne Türen mit Austritten im zweiten und dritten Stockwerk verstärken den Eindruck einer Ritterburg, wie sie in Modellen als Kinderspielzeug verkauft wird. Einige Fenstersimse sind mit Kacheln geschmückt. Neben der Eingangstür, natürlich schmiedeeisern, befinden sich Gaudís beliebte Trencadis, Steinbänke, auf denen es sich sehr bequem sitzt – zu testen im Park Güell! Sie sind in Pastellfarben gehalten und mit maritimen Motiven von Wellen, Fischen und Segelbooten verziert.

Das Innere des Hauses bildet einen starken Kontrast zum Äußeren – es ist in weichen Formen im Stil des Art Nouveau gestaltet. Wie die Sagrada Família hat Gaudí den Torre Bellesguard nicht vollendet. Der Architekt Domènec Sugrañes i Gras wurde mit dem Abschluss der Bauarbeiten beauftragt, die sich bis ins Jahr 1917 hinzogen.

Adresse Calle de Bellesguard 16–20, 08022 Barcelona, Sant Gervasi | **ÖPNV** Bus 123, Haltestelle Calle de Bellesguard | **Tipp** In der Nähe befindet sich das äußerst interessante Wissenschaftsmuseum (Museo de la Ciencia), gefördert von der Bank CosmoCaixa – Calle Isaac Newton 26, Eintritt drei Euro.

101 Der Turó de les Tres Creus

Der Ort mit Rundumblick für romantische Abendstunden

Vom Gipfel des Park Güell hat man, besonders zur blauen Stunde, einen wunderschönen Blick auf die Stadt und das Meer im Schein der Abendsonne. Keine Angst, die großen Gittertore des Parks werden nicht geschlossen, bevor es stockfinster ist.

Um zum Gipfel mit den drei Kreuzen zu gelangen, muss man hinter der Aussichtsplattform einfach die Stufen hinauflaufen, im oberen Bereich ist der Turó dann ausgeschildert. Der Weg windet sich, an einem Spielplatz vorbei, in Schneckenform hinauf. Oben stehen die Kreuze auf einem riesigen kreisrunden Steinsockel, der aus Bruchsteinen zusammengesetzt ist. Dieser Sockel wiederum erinnert an die Talayot-Bauten.

Wenn man genau hinschaut, sieht man, dass ein Kreuz wie ein Pfeil nach oben zeigt, das zweite ist in Nord-Süd-Richtung aufgestellt und das dritte in Ost-West-Richtung. Die Kreuze erinnern mit ihren verbreiterten Enden eher an Taukreuze, diese haben eine reichhaltige christliche Symbolik und sind auch Symbol des Franziskanerordens. Gaudí benutzte Taukreuze an vielen seiner Bauten, unter anderem in der Sagrada Família.

Auf dem Weg durch den waldartigen Park zum Gipfel trifft man oft auf schnatternde giftgrüne Papageienvögel. Die nicht endemische Art fühlt sich in Barcelona sehr wohl.

Der Park heißt im Original übrigens »Park Güell«, und nicht katalanisch »Parc«, weil Gaudí, der ihn anlegte, sich am englischen Vorbild des Parks orientierte. Auf dem Gelände, das Gaudí im Auftrag des Industriellen Eusebi Güell mit Luxuswohnungen nach neuestem technischen Standard bestücken wollte, findet sich eine Reihe von Symbolismen. Gaudí verarbeitete sowohl seine politischen als auch seine religiösen Ideale, er bevorzugte zum Beispiel die krumme gegenüber der geraden Linie. Er wohnte lange Zeit mit seiner Nichte in dem Haus neben dem Eingang, das er vom Schreibtisch bis zur Türklinke ausstattete.

Adresse Park Güell, 08024 Barcelona, Carmel | **ÖPNV** Metro L 3, Haltestelle Lesseps, von dort rund 10 Minuten Fußweg | **Öffnungszeiten** täglich 10 Uhr bis Sonnenuntergang | **Tipp** Ein weiterer schöner – und noch höher gelegener – Aussichtspunkt ist der Gipfel des Parc del Turó del Putget, zu dem man am besten vom Plaza Lesseps gelangt.

102 Das U-Boot

Vom Held der Katalanen, der das erste U-Boot baute

Wer an dem Nachbau der »Ictíneo«, einem bulligen hölzernen Unterseeboot, vorbeigeht, ahnt kaum, dass mit diesem Modell in Barcelona die Geschichte der U-Boote begann. Die Bullaugen sind etwas verschmutzt, sodass man nur vermuten kann, was sich im Inneren befindet. Auf jeden Fall wirkt das Ding sehr robust, und besonders die kleinen Jungs stehen begeistert davor.

Seine Geschichte ist höchst bizarr: Narcís Monturiol i Estarriol, ein Katalane, selbst ernannter Ingenieur und radikaler Geist, wurde in Figueres als Sohn einer Fassmacherfamilie geboren. Wenn man das Boot anschaut, kann man an der Verarbeitung unschwer diese Verbindung erkennen. Nach einem Jura-Studium zog Monturiol 1858 nach Barcelona, wo zur selben Zeit Revolutionäre gegen die Verelendung der breiten Masse im Zuge der Industrialisierung kämpften. Monturiol scharte einen Kreis Revolutionäre um sich und gründete eine Siedlung mit dem Namen Icària, »irdisches Paradies«. Heute zeugt der Straßenname Avenida Icària in Poblenou von dieser Geschichte!

Während eines Aufenthaltes in Cadaqués an der Costa Brava beobachtete Monturiol Korallentaucher, die ihr Leben riskierten, um die roten Korallen an die Oberfläche zu bringen. Ihnen wollte er eine »Maschine« konstruieren, die ihnen die Arbeit erleichtern sollte. Einige Jahre später war Ictíneo I fertig, gebaut aus Olivenbaumholz. Sie konnte bis 20 Meter tief tauchen, musste allerdings von Hand von sechs (!) Männern angetrieben werden.

Die Testtauchgänge des Ungetüms im Hafen von Barcelona entwickelten sich seinerzeit zu einer Art Volksbelustigung. Ictíneo I wurde dann allerdings von einem Frachter schwer beschädigt und musste entsorgt werden. Dies entmutigte Monturiol jedoch keineswegs. Er machte sich schnurstracks ans Werk und baute Ictíneo II im Jahr 1864, diesmal mit Dampfantrieb, einem großen technischen Fortschritt.

Adresse Ictíneo, im Vorhof des Museu Marítim de Barcelona, Avenida de les Drassanes s/n, 08001 Barcelona, Raval | ÖPNV Metro L3, Haltestelle Drassanes | Tipp Im Restaurant Norai, gegenüber dem U-Boot im Vorhof des Museums, kochen Lehrlinge. Vor allem das Mittagsmenü zum Preis von zehn Euro ist absolut zu empfehlen.

103 Die Villa am Tibidabo

In dieses Anwesen könnte man sich verlieben

»Eine spektakuläre Aussicht, ein spektakuläres Haus« – auf dieses Anwesen auf der Spitze des Tibidabo passt jenes abgedroschene Maklerlatein tatsächlich. Die Villa, die hier steht, kann mit einigen Superlativen aufwarten. Einzigartig ist natürlich die Aussicht: Von den Terrassen, Balkons und dem Wintergarten bietet sich ein Panoramablick über ganz Barcelona und seine Vororte. Auf dem Dach des Hauses ist ein Aussichtstürmchen, welches eine Sicht in alle vier Himmelsrichtungen bietet, vom Montjuïc auf der einen Seite bis zu den grün bewaldeten Hügeln des Hinterlandes bis zum Montserrat. Im Garten ein gefliester Swimmingpool und ein mit Efeu umrankter Liebestempel, der schon einige berühmte Persönlichkeiten gesehen hat. Von der Straße führt ein Weg, der von Schülern Gaudís mit typischen Grottengängen angelegt wurde, zum Eingangsportal.

Das Haus stammt aus dem Jahr 1910 und wurde vor Kurzem umfassend renoviert, jedoch wurden im Inneren alle Elemente stilgerecht erhalten. Jedes Zimmer verfügt über ein Ankleide- und ein Badezimmer mit antiken Armaturen und modernistischen Waschbecken. Ein Schlafzimmer hat sogar zwei Bäder – eins für die Dame, eins für den Herren, und von der Badewanne hat man ebenfalls einen phantastischen Ausblick. In jedem Raum steht ein individuell gestalteter Marmorkamin, die Küchen sind mit Mosaikfußböden ausgestattet. Sogar die Lichtschalter sind noch original im modernistischen Stil.

Die Luft in dieser Höhe ist glasklar und würzig, nur das Geschrei vom nahen Vergnügungspark und vielleicht der Sendeturm des Tibidabo in unmittelbarer Nähe stören. Die Immobilienkrise hat auf den Verkaufspreis gedrückt: Wurde die untere Wohnung mit einer Grundfläche von 413 Quadratmetern vor Kurzem noch für 2,4 Millionen Euro angeboten, liegt der Preis momentan bei 1,8 Millionen Euro. Der Käufer dieser Immobilie hat auf jeden Fall guten Geschmack bewiesen.

Adresse Carretera de Vallvidrera al Tibidabo, neben dem Parkhaus Tibidabo, 08017 Barcelona, Valvidrera | **ÖPNV** mit dem Tibibus T 2 von Plaza Catalunya bis Tibidabo | **Tipp** Grillen in den Hügeln des Collserola ist verboten. Doch es gibt eine nette kommerzielle Grillanlage unter schattenspendenden Bäumen in Les Planes (www.fontlesplanes.com).

104_ Vitralls J. M. Bonet

Fenster für die Sagrada Família

»Guten Tag, kommen Sie herein«, begrüßt Jordi Bonet den Besucher, nachdem er ihn kurz gemustert hat. Der Handwerker war vor langer Zeit in Deutschland und ist froh, wieder einmal seine Sprachkenntnisse hervorkramen zu können. Seit 1923 werden in der kleinen, unscheinbaren Werkstatt in Gràcia Buntglasfenster hergestellt. Nicht ohne Stolz zeigt Bonet die jüngste Anfertigung für die Sagrada Família, ein Fenster aus verschiedenen Glasarten, allerdings ohne Farben. Gaudí wollte das so – die Fenster in den oberen Etagen sollten farblos sein, genau im Gegensatz zur herkömmlichen Methode, bei der Buntglasfenster in Kirchen gerade oben angebracht wurden, wo das Licht am hellsten ist. Seit den 30er Jahren, seit drei Generationen, arbeitet die Familie Bonet für die Sagrada Família. Das Oberlicht der Krypta und die Fenster der Passionsfassade stammen aus dieser Werkstatt.

Zum Service von Bonet gehört auch die Restaurierung von alten Buntglasfenstern. So hat Bonet unter anderem die Fenster der Kathedrale von Menorca, von Girona, von Seu d'Urgell und vom Kloster von Poblet restauriert. Man arbeitete mit bekannten Architekten wie Subirachs und Grau-Garriga zusammen. Weitere Künstler, die für Bonet Fenster entwerfen, sind Darío Vilas, Will Faber, Fornells-Pla, Doménech Fita und Viladecans. Bei der Renovierung von Buntglasfenstern sind immer auch Historiker, Konservatoren und verschiedene Spezialisten beteiligt.

Das Rohmaterial, Glas in verschiedenen Ausführungen, lässt sich die Werkstatt unter anderem von der Glashütte Lamberts aus Deutschland liefern. Es wird dann von Hand bemalt und ausgeschnitten.

Das Farbenspiel und die Wirkung in Licht und Schatten resultieren aus der Dicke des Glases, und hierin sind die Bonets Experten. Der Laden ist ein typischer Handwerksbetrieb, wie es noch eine beträchtliche Anzahl in diesem charmanten Viertel gibt.

Adresse Calle Astúries 6, 08012 Barcelona, Gràcia, Tel. 0034/932182399, www.vitrallsbonet.com | **ÖPNV** Metro L3, Haltestelle Fontana | **Öffnungszeiten** nur nach telefonischer Anmeldung | **Tipp** In derselben Straße, ein paar Häuser weiter (Hausnummer 20), befindet sich eine der besten Bäckereien von Barcelona namens Barcelona Rejkjavik.

105 Die Waschtröge von Horta

Die Waschweiber in der »Kaltwasserstraße«

Nomen est Omen: Calle d'Aiguafreda heißt so viel wie Kaltwasserstraße. Der Stadtteil Horta-Guinardo liegt an einem Hügel, und hier lief vor 100 Jahren das klare Gebirgswasser direkt ins Tal. Es war so klar und rein, dass man es direkt aus den Brunnen, die sich vor jedem Haus befanden, trinken konnte. Wegen des Wassers entstand hier die größte städtische Wäscherei.

Wie in einem Freilichtmuseum ist noch alles erhalten: Neben den Brunnen befinden sich eckige Becken aus Sandstein, in denen die Waschweiber von Horta einst die dreckige Wäsche wuschen. Heute bilden sie Teile eines Stilllebens.

In dem Gässchen sitzen ältere Bewohner vor der Tür und blinzeln träge in die Sonne, vor den Häuschen stehen Blumentöpfe mit Grünpflanzen, wie es in Südspanien oft der Fall ist. Ein Haus hat sogar eine kleine Brücke über die Straße zu den Waschtrögen. Von der anderen Seite des Tals dringt das Geschrei vom Schulhof einer Grundschule herüber.

Über drei Jahrhunderte lang, bis zum Beginn des Spanischen Bürgerkriegs, taten hier Waschweiber ihren Dienst – immer zuerst mit kaltem Wasser für die Vorwäsche, dann mit heißem für die Hauptwäsche. Diese Temperaturunterschiede und die Tüchtigkeit der Frauen machten die Waschweiber von Horta in Barcelona bekannt, das damals noch weit entfernt lag. Die reichen Stadtbewohner hatten weder genug fließendes Wasser für ihre Wäsche noch genug Platz zum Trocknen. Das städtische Wasser hatte außerdem einen hohen Kalkanteil, so beschädigte es die teuren, oftmals von Schneidern aus Paris importierten Kleidungsstücke. Deshalb schickte man die Wäsche zur Reinigung nach Horta. Jeden Montag klaubten Botenjungen die Säcke mit dreckiger Wäsche am »Sammelpunkt« an der Ecke Via Laietana und Consell de Cent auf und brachten sie am Freitag zurück zur Bourgeoisie, damit man sich für das Wochenende fein machen konnte.

Adresse Calle d'Aiguafreda, 08032 Barcelona, Horta | **ÖPNV** Metro L 5, Haltestelle Horta | **Tipp** Ein wunderschöner Park ist der Parc del Laberint d'Horta, Paseo Castanyers 1, mit verschiedenen Liebestempeln und Brunnen, die von der Wasserqualität dieses Gebietes zeugen. Er ist der älteste erhaltene Park Barcelonas, Eintritt: 2,23 Euro.

106 Der Wellnesstempel

Entspannen im exotischen Ambiente

»Ich habe selber nach einer guten Massage in Barcelona gesucht und nichts Entsprechendes gefunden«, sagt Raquel Jiménez, die den balinesischen Spa im Eixample gegründet hat, der es mühelos mit jedem Fünf-Sterne-Hotel-Spa aufnehmen kann. Schon beim Eintreten in den hohen Empfangsraum wirkt das fernöstliche Ambiente mit seinem Duft und den erlesenen Materialien auf den Besucher. Der Boden ist aus dicken tropischen Holzbohlen gearbeitet, die dunkel glänzen, und alle anderen Möbel und Dekorationen sind ebenfalls aus Bali importiert. Aus dem Erdgeschoss rieselt ein Wasserfall in den Keller hinab, überall stehen Kerzen und Duftlampen. Handgearbeitete Teppiche und Vorhänge geben dem Ganzen ein heimeliges Ambiente. Die Massageliegen sind große Himmelbetten, auf denen die Masseurinnen – natürlich in balinesischen Gewändern – den Patienten bearbeiten. Sie sind darauf bedacht, dessen Wünsche zu erfüllen – wenn man sagt, man möchte eine feste Massage, wird dies mit allem Nachdruck ausgeführt.

Gute Masseurinnen zu finden, war laut Jiménez übrigens nicht einfach. Es gibt in Barcelona zwar viele Thailänderinnen, aber nur wenige mit profunden Massagekenntnissen. Im Bali Spirit werden sie jeden Monat geschult, und dies macht sich bezahlt. Die Auswahl der Massagen ist riesig: Neben der traditionellen balinesischen Massage, bei der verschiedene aromatische Öle zur Auswahl stehen, gibt es auch eine Lomi-Lomi-Massage aus Hawaii, eine Thai-Massage, eine Partnermassage, eine Java-Massage mit Kräutern, eine Massage mit heißen Steinen, eine vierhändige Massage oder die Aromatherapie-Massage. Daneben werden die unterschiedlichsten Beauty-Behandlungen und auch Verwöhnprogramme für Paare angeboten.

Gäste können einen speziellen Raum buchen, in dem ihnen ein balinesisches Abendessen serviert wird. Im Anschluss gibt es ein Bad mit Rosenblättern, mit tropischem Fruchtcocktail, und dann eine entspannende Massage.

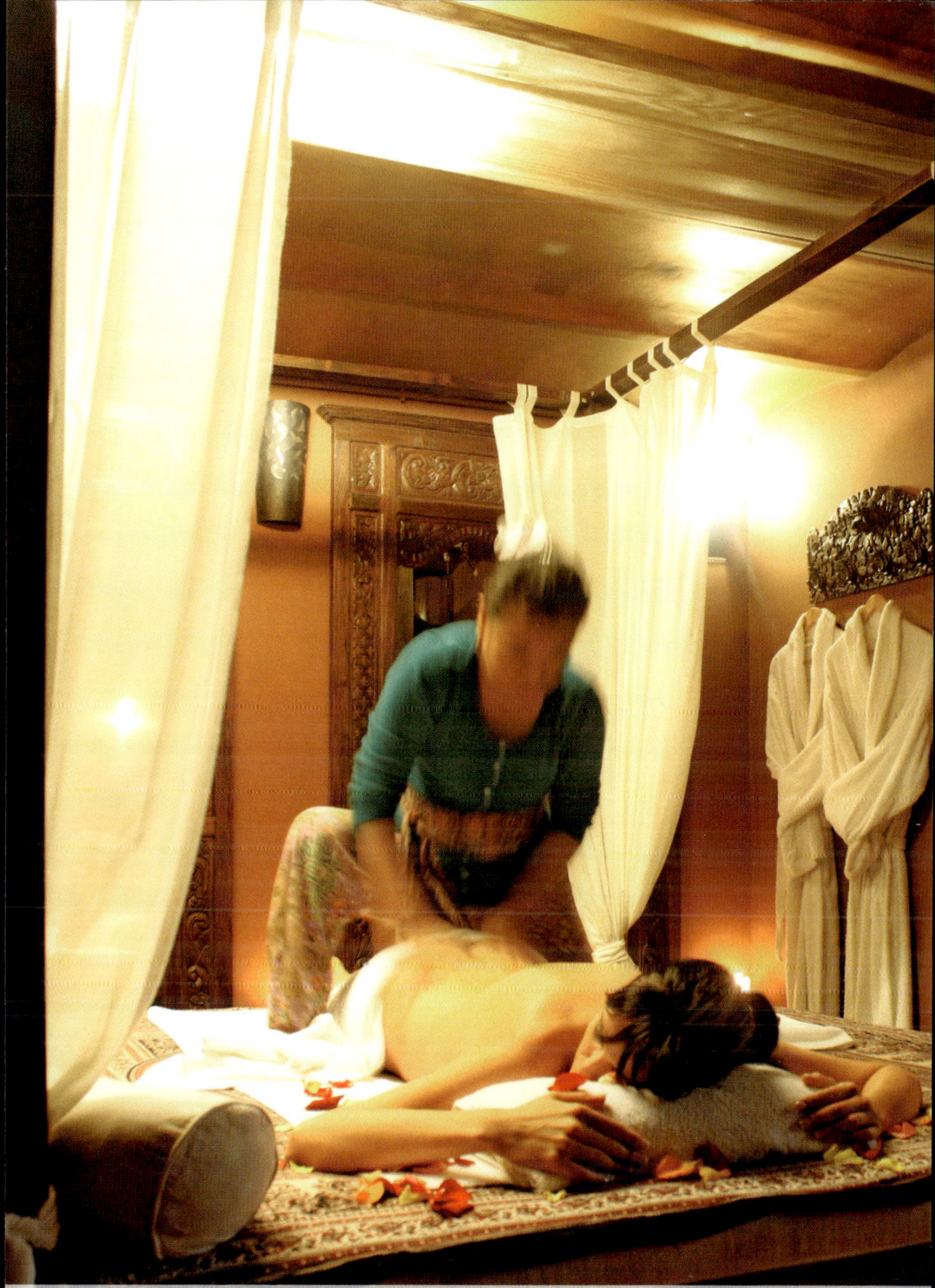

Adresse Bali Spirit, Calle Aribau 59, 08011 Barcelona, Eixample, Tel. 0034/934517085, www.balispirit.es | ÖPNV Metro L 1, L 2, Haltestelle Universitat | Öffnungszeiten Mo 15–22 Uhr, Di–Sa 11–22 Uhr | Tipp Ein gutes vegetarisches Restaurant ist das »L'Hortet«, Calle Pintor Fortuny 32 in der Ciudad Vieja.

107_Woki Organic Market

Stylisher Bio-Supermarkt und Schnellrestaurant

Wer sich schon öfter über die Bioläden in Spanien geärgert hat, in denen das wenige Obst und Gemüse oft welk ist, der wird vom Woki Organic Market begeistert sein. Der große Laden an der Plaza Catalunya, einer von vier in Barcelona, ist eine Mischung aus Restaurant und Supermarkt, wobei verschiedene Essstände sich auf den großen Raum der Erdgeschossfläche mit filigranen Eisensäulen verteilen.

Die Tische stehen unauffällig zwischen den Verkaufsregalen. Dekorateure haben hier ganze Arbeit geleistet: Da steht ein Schubkarren mit Eiern frisch vom Bauernhof, aus Kartoffelsäcken purzeln frische Kartoffeln fast heraus, und alte Emailleschilder geben dem Ganzen einen Hauch von Nostalgie.

Der Woki-Stand ist sozusagen das »Signature Meal« des Hauses. Der Reis- oder Nudelwok mit Gemüse ist als kleine oder große Portion zu haben. Jede weitere Zutat sowie verschiedene Soßen, von mild bis scharf, können dann extra dazu bestellt werden. Im Angebot sind auch Hamburger, Pizza, selbst hergestellte Tortellini, Ravioli und Lasagne, verschiedene Salate, Steaks und Sushi. Natürlich wird man beim Essen zwischen all den Lebensmitteln verführt, gleich noch etwas einzukaufen – eine Taktik, die hier fast immer aufgeht! Um die Abrechnung zu vereinfachen, erhält jeder Kunde eine Chipkarte, auf die sämtliche Speisen und Getränke gebucht werden.

Das Angebot ist übrigens umfangreicher und günstiger als in den meisten anderen Bioläden. Es gibt auch Bionade, Joghurt und Bier aus Bayern, da in Spanien das Bio-Angebot in manchen Sektoren noch nicht sehr umfangreich ist. Die frischen Produkte kommen überwiegend aus der Region, Bio-Wein und Säfte gibt es in Katalonien mittlerweile in guter Qualität. Die frischen Brote aus Vollkornmehl und die verschiedenen Kuchen sind äußerst lecker. Alle Gerichte gibt es auch als Take-away, so kann man sich gut für ein Picknick am Strand eindecken!

Adresse Ronda Universitat 20, 08007 Barcelona, Eixample, www.wokimarket.com | ÖPNV Metro L 1, L 2, L 3, Haltestelle Plaza Catalunya | Öffnungszeiten täglich 8–1 Uhr nachts, die Küche arbeitet von 12 Uhr bis Ladenschluss | Tipp Wer sich in Sachen katalanischer Wein weiterbilden möchte, kann an einer Weinprobe des Winzers Torres teilnehmen, Paseo de Gràcia 78.

108_Xocoa

Barcelona – die heimliche Hauptstadt der Schokolade

Die Karriere der Schokolade in Barcelona begann im Jahr 1759. Damals landete König Carlos III. mit einer Galeone aus Neapel in der Stadt und schenkte seinen Mannen zum Dank Schokoladenpulver. In der Hafengegend siedelten sich die ersten Schokoladenmanufakturen und -geschäfte Europas an, und Katalonien versorgte sogar den französischen Königshof mit Schokolade. Der Hofstaat war schnell süchtig nach den braunen »bombones«, wie Pralinen auf Spanisch genannt werden, und Ludwig XIV. hatte sogar eine eigene Schokoladenmamsell.

Traditionell war Schokolade in Barcelona immer dickflüssig. In die heiße Xocolata (sprich: schukulata) in der Tasse tunkt man frisch frittierte »xurros« (sprich: schurros) oder »melindros«. Die kalorienreiche, süß-fettige Mischung ist besonders an kalten Wintertagen (davon hat Barcelona ebenfalls einige) sehr beliebt.

Die Köche Kataloniens setzen aber auch auf ungewöhnliche schokoladige Kombinationen, etwa als Füllung für Calamares. In Wildgulasch gerieben sorgt dunkle Schokolade für ein pikant-rauchiges Aroma.

»Schokolade geht bei uns das ganze Jahr über, im Winter natürlich mehr als im Sommer«, erzählt Marc Escursell, der den Laden »Xocoa« leitet. Blickt man sich in seinem Geschäft um, spürt man nichts von der über 100-jährigen Familientradition. Die Geschichte reicht zurück ins Jahr 1897, als die Familie eine Konditorei in Barcelona gründete. Im Jahr 1994 hatte Marc Escursell jedoch die Idee, von der Konditorei auf das Schokoladenbusiness umzuschwenken.

»Wir waren so etwas wie die Wegbereiter des Schoko-Booms, den die Stadt seitdem erlebt«, glaubt Escursell. Den Rohstoff bezieht er aus Afrika und Zentralamerika. »Der afrikanische Kakao ist stärker im Geschmack und der amerikanische aromatischer. Zusammen ergänzen sie sich sehr gut.« Mit »Cacao Sampaka« und »Oriol Balaguer« hat Barcelona zwei weitere Läden der Luxuskategorie.

Adresse Calle Vidriería 4, 08003 Barcelona, Born, Tel. 0034/933197905, www.xocoa.es | **ÖPNV** Metro L 4, Haltestelle Jaume I | **Öffnungszeiten** Mo–Sa 11–14 Uhr und 15–20 Uhr | **Tipp** Schokoladen-Rundgang durch Barcelona: Für 40 Euro pro Person gibt es eine deutschsprachige Führung durch das Schokoladenmuseum und Besuche bei drei Chocolatiers, inklusive Kostproben bei www.tapastoursbarcelona.com.

109 Yoga con Gracia

Bewegung in der alten Fabrik – auch auf Deutsch

Genau genommen versteht die Inhaberin, Juliette Allard, ihr Studio »Yoga con Gracia« nicht als kommerzielles Yogastudio, sondern eher als »Taller de Yoga«, was so viel wie Werkstatt oder Nachbarschaftsprojekt heißt. Yoga con Gracia (Yoga mit Anmut) ist Yoga im und für den Stadtteil Gracia – ohne Dogmas, familiär und immer zugänglich für alle. Und das sowohl in finanzieller Hinsicht als auch in Bezug auf körperliche Anforderungen. »Wir wollen unsere Liebe und Leidenschaft fürs Yoga mit den Menschen, die in Gràcia leben, arbeiten oder auch zu Besuch sind, teilen«, sagt Juliette.

Die Yogaschule befindet sich im obersten Stockwerk einer alten Textilfabrik direkt an der lebhaften Plaza de la Virreina, wo man vor oder nach der Yogastunde in der Sonne entspannen und dem lebhaften Treiben zusehen kann. Die Räume erstrecken sich über eine halbe Etage und wurden mit viel Liebe zum Detail, Erfindergeist und Recyclingmaterialien renoviert. Blumen, die vor den Fenstern stehen oder von der Decke hängen, geben den Räumen eine natürliche Atmosphäre. Angeboten werden die verschiedensten Yogastile, vom energetischen Kundalini Yoga, über Hatha Yoga, Vinyasa Flow und Ashtanga bis zum klassischen Sivananda Yoga mit Meditation und Atemübungen. Ein Schwerpunkt liegt auf Schwangeren- und Postnatal-Yoga, es gibt auch Kurse für Kinder sowie eine Stunde speziell für Männer.

Alle Stunden sind offene Stunden, geeignet sowohl für Anfänger als auch für Fortgeschrittene. Regelmäßig finden Events wie etwa ein Sonnengebets-Marathon, Yoga-Flashmobs, Kirtan-Singen oder Yoga-Kino statt.

Unterrichtet wird in Spanisch, aber alle Lehrer sprechen auch Englisch. Es besteht sogar die Möglichkeit, deutschsprachige Einzel- oder Gruppenstunden zu buchen. Empfohlen wird leichte, bequeme Kleidung und zwei Stunden vor dem Unterricht keine schweren Speisen mehr zu sich zu nehmen.

Adresse Asociación Yoga con Gracia, Calle Església 4–10, Plaza de la Virreina, 4. Stock, 08024 Barcelona, Gràcia, Tel. 0034/656639455, www.yogacongracia.com | ÖPNV Metro L3, Haltestelle Fontana | Tipp Wenn man eine Monatskarte mit Flatrate (45 Euro) kauft, erhält man in verschiedenen Restaurants und Bioläden in Gràcia einen Discount zwischen fünf und zehn Prozent.

110 Das Zaubertheater

Diese Tricks kommen uns ziemlich spanisch vor …

Spanisch, oder gar Katalan, muss man nicht können, um sich einen Abend lang beim »König der Magie« wunderbar zu amüsieren. Dieses Theater hat in Barcelona eine lange Tradition. Seit 1881 treten hier verschiedene Zauberer, mit oder ohne Assistentin, auf. Damit gehört der Rey de la Magia zu den ältesten Zaubertheatern der Welt.

Seit 1977 führen José María Martínez und Rosa Maria Llop das Theater. Es bietet Platz für 200 Zuschauer, Vorstellungen sind am Freitag, Samstag und Sonntag, und im Café gibt es donnerstags, freitags und samstags Kostproben aus der »Màgia de prop«, was so viel wie Nah-Zauberei heißt. Natürlich gibt es Kartentricks, es verschwinden Tischtennisbälle und tauchen an anderen Orten wieder auf, Seile werden verknotet und lösen sich wie von Zauberhand wieder auf, und eine Dame zieht sich innerhalb von zwei Sekunden ein gänzlich anderes Abendkleid an. Schön ist auch der Trick, bei dem eine markierte 20-Euro-Note – bei spendablen Gästen auch eine 50-Euro-Note – verschwindet und dann aus einem versiegelten Briefumschlag wieder herausholt wird …

Im angeschlossenen Museum lassen sich Zauberutensilien der letzten 100 Jahre begutachten, allerdings sind alte Zauberstäbe oder historische Showplakate hinter Glas nicht gerade ein Publikumsmagnet.

Im Barcelona des vergangenen Jahrhunderts war der zu dem Theater gehörige Zauberladen die Attraktion für die Kinder des Viertels, die sich am Schaufenster die Nase platt drückten. Ab und zu habe auch ein echter Magier hinter der Gardine hervorgelugt, munkelt man.

Heute ist der Laden (Calle Princesa 11) etwas kruschtig, und es gibt Zirkuszubehör wie rote Nasen, Knallzigaretten oder Lachsäcke. Nicht nur Laien, auch echte Zauberer schauen hier vorbei und lassen sich für ihre Vorführungen beraten. Was sich allerdings hinter den dicken Samtvorhängen abspielt, wird nicht verraten.

Adresse El Rei de la Magia, Calle de les Jonqueres 15, 08003 Barcelona, Eixample, Tel. 0034/933187192 www.elreidelamagia.cat | ÖPNV Metro L 1, L 4, Haltestelle Urquinaona | Öffnungszeiten Laden: Mo–Fr 11–14 und 17–20 Uhr, Sa 11–14 Uhr | Tipp Eine zauberhafte Flamenco-Show mit Abendessen gibt es im Palacio del Flamenco, Calle Balmes 139 (www.palaciodelflamenco.com).

111 Zona Factoría d'Art

»In der Zona ist alles in Bewegung«

Der Stadtteil Poblenou ist bekannt für seine Vielzahl an Künstlerateliers, die oft in ehemaligen Gewerbehöfen oder Fabriketagen ihre Heimat gefunden haben. Zona Factoría d'Art ist ein internationales Künstlerkollektiv, bestehend aus mehreren unabhängigen Künstlern. Dazu zählen Bildhauer, Maler, Poeten, Musiker, Filmemacher und Tänzer, die die Atmosphäre in dem verwinkelten Gebäude lieben und die kreativen Pausen bei superstarkem italienischem Espresso.

Cristina Carbone, eine Italienerin, malt zurzeit am liebsten Variationen des indischen Gottes Ganesh. Sie lässt sich vom altindischen Tanz »Baharata Natyam« inspirieren und arbeitet auch mit Stein. »Der Symbolismus ist das adäquate Medium für die Lehre der höheren Wahrheit. Er gibt die Antworten auf die Anforderung der menschlichen Natur«, sagt sie.

Ihre Kollegin Ester Wyneken experimentiert mit verschiedenen Techniken. Mit Farbe und Licht versucht sie ihre Sinneseindrücke zu verfestigen und ihre Gefühle und Emotionen in der Malerei auszudrücken. Der Katalane Jordi Santiso führt ganz verschiedene Gattungen in seiner Kunst zusammen: die Fotografie, die Malerei, die Bildhauerei, Video, Poesie und Musik. Zurzeit beschäftigt er sich mit Shakuhachi, einer japanischen Bambuslängsflöte, einem Meditationsinstrument zenbuddhistischer Mönche, die er im Atelier auch gern vorführt und seine Kollegen damit inspiriert.

Der jüngste Künstler im Gemeinschaftsatelier ist Gil Gelpi, ein Filmemacher, Maler und Bildhauer. Er benutzt die moderne Künstlersprache mit großer Natürlichkeit, er fusioniert Stile und neue Technologien und betritt auch das Feld der Konzeptkunst. Für seine exzentrischen Beleuchtungskörper hat er eine kleine Höhle gebaut.

Von Zeit zu Zeit veranstaltet das Künstlerkollektiv eine Hausparty, zu der man bei Wein und Tapas alle Räume betreten, mit den Künstlern sprechen und natürlich auch Kunstwerke erwerben kann.

Adresse Calle Álaba 58, 08005 Barcelona, Tel. 0034/637005957, www.zona-factoriadart.blogspot.com | **ÖPNV** Metro L 4, Haltestelle Bogatell | **Öffnungszeiten** nach persönlicher Vereinbarung, meist in den Abendstunden | **Tipp** Eine weitere verborgene Galerie eines Künstlerkollektivs befindet sich ganz in der Nähe, in einer Industriehalle an der Passatge del Marquès de Santa Isabel 40.

1
2
3
4
5
B20
C33
C31
C16
40
22
73
103
46
100
30
58
24
28
Tibidabo
SANTA COLOMA
DE GRAMENET
BADALONA
LA TEIXONERA
CLOT
EL BESÒS
BONANOVA
GRÀCIA
SANT MARTI
BARCELONA
LA BARCELONETA
MONTJUIC
L'HOSPITALET
DE LLOBREGAT
EL PRAT
DE LLOBREGAT
ZONA FRANCA
N
0
1 km
Kartographie: www.altancicek.de

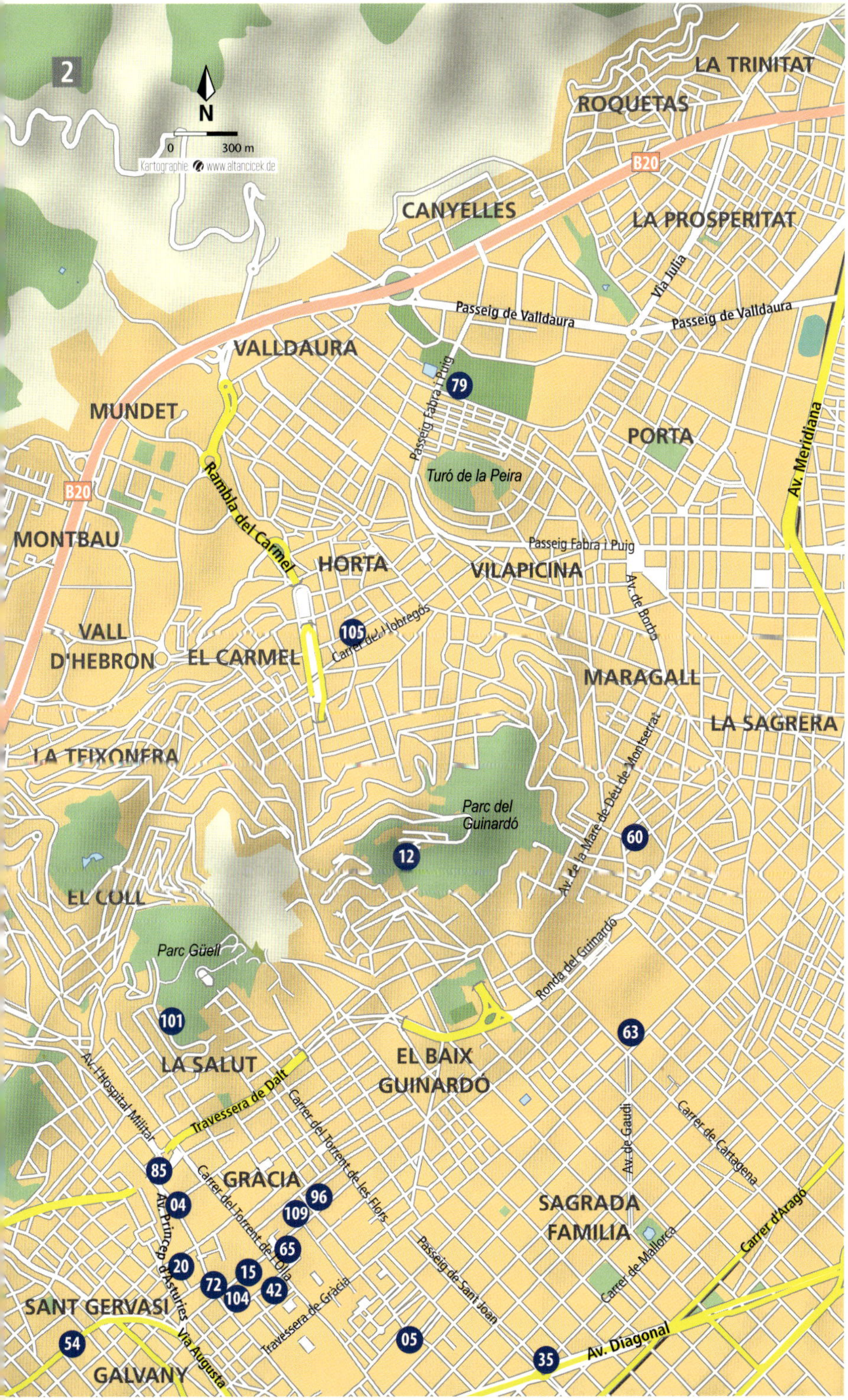
2
N
0
300 m
Kartographie www.altancicek.de
LA TRINITAT
ROQUETAS
B20
CANYELLES
LA PROSPERITAT
Via Julia
Passeig de Valldaura
Passeig de Valldaura
VALLDAURA
79
MUNDET
Passeig Fabra i Puig
PORTA
Turó de la Peira
Av. Meridiana
B20
Rambla del Carmel
MONTBAU
HORTA
Passeig Fabra i Puig
VILAPICINA
Av. de Borbó
VALL
D'HEBRON
EL CARMEL
105
MARAGALL
LA SAGRERA
LA TEIXONERA
Parc del
Guinardó
12
60
Av. de la Mare de Déu de Montserrat
EL COLL
Parc Güell
Ronda del Guinardó
101
63
LA SALUT
EL BAIX
GUINARDÓ
Travessera de Dalt
Av. l'Hospital Militar
Carrer del Torrent de les Flors
Av. de Gaudí
Carrer de Cartagena
85
GRÀCIA
96
04
109
SAGRADA
FAMILIA
Av. Príncep d'Astúries
Carrer del Torrent de l'Olla
65
Passeig de Sant Joan
Carrer de Mallorca
Carrer d'Aragó
20
15
72
42
104
SANT GERVASI
Travessera de Gràcia
54
05
35
Av. Diagonal
Via Augusta
GALVANY

3
08
Rambla Fabra i Puig
LA VERNEDA
37
SANT ADRIÀ DE BESÒS
Riu Besòs
Carrer Sagrera
Carrer Garcilaso
02
Av. Meridiana
Rambla de Guipúscoa
EL BESÒS
EL BESÒS I EL MARESME
Rambla de Prim
SANT MARTÍ DE PROVENÇALS
NAVAS
Carrer Bac de Roda
Gran Via de les Corts Catalanes
Carrer de la Selva de Mar
33
78
Carrer d'Aragó
CLOT
PROVENÇALS DEL POBLENOU
Av. Diagonal
Av. Diagonal
DIAGONAL MAR
Ronda Litoral
66
POBLENOU
Carrer dels Almogàvers
Carrer de Roc Boronat
Carrer de Pujades
Carrer d'Àlaba
111
Av. Meridiana
Carrer de la Marina
VILA OLÍMPICA
Ronda Litoral
29
Parc de la Ciutadella
Port Olímpic
93
N
0 300 m
Kartographie: www.altancicek.de
Pas. Marítim Barceloneta
94
36
LA BARCELONETA

4
GALVANY
23
17
Av. Diagonal
06
Passeig de Gràcia
PROVENÇA
01
Carrer de París
Carrer de Muntaner
91
80
99
L'ANTIGA
ESQUERRA DE
L'EIXAMPLE
106
38
98
UNIVERSITAT
URGELL
71
56
Av. de Roma
Carrer d'Aragó
Ronda de Sant Antoni
90
ROCAFORT
Gran Via Corts Catalanes
SANT
ANTONI
67
09
ESPANYA
11
Av. Paral-lel
HOSTAFRANCS
POBLE SEC
FONT DE LA
GUATLLA
82
97
88
PARC DE
MONTJUÏC
59
49
69
41
61
MONTJUÏC
68
45
LA MARINA DEL
PRAT VERMELL
03
Ronda Litoral
5
GIRONA
FORT PIENC
TETUAN
Carrer d'Aragó
Gran Via Corts Catalanes
ARC DE TRIOMF
URQUINAONA
SANT PERE
CATALUNYA
SANTA
CATERINA
EL BORN
BARRI GÒTIC
La Rambla
EL RAVAL
DRASSANES
Ronda Litoral
N
0
300 m
Kartographie: www.altancicek.de

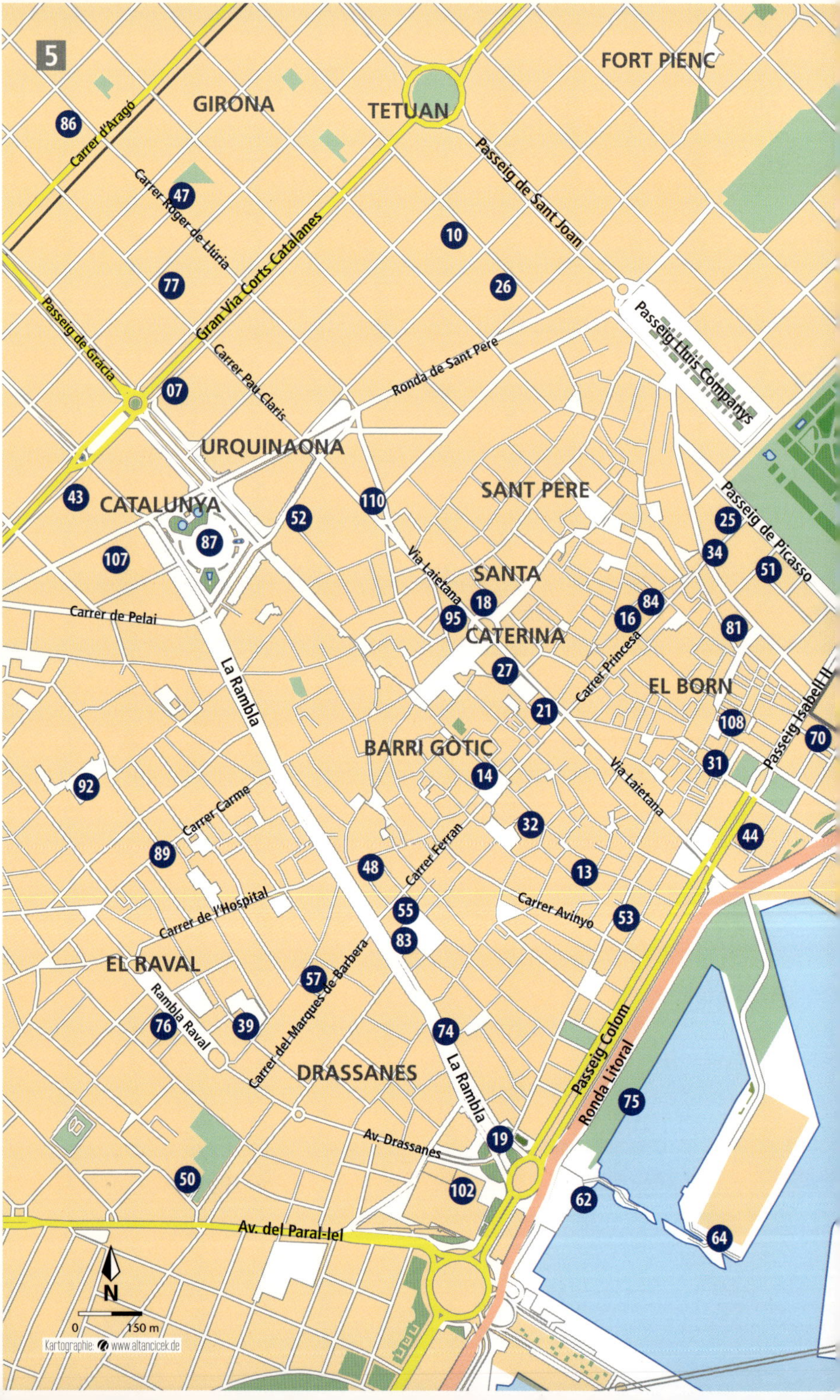

5
FORT PIENC
GIRONA
TETUAN
Carrer d'Aragó
Passeig de Sant Joan
Carrer Roger de Llúria
Gran Via Corts Catalanes
Passeig de Gràcia
Carrer Pau Claris
Ronda de Sant Pere
Passeig Lluís Companys
URQUINAONA
SANT PERE
CATALUNYA
Passeig de Picasso
Via Laietana
SANTA
CATERINA
Carrer de Pelai
Carrer Princesa
EL BORN
La Rambla
Passeig Isabell II
BARRI GÒTIC
Via Laietana
Carrer Carme
Carrer Ferran
Carrer de l'Hospital
Carrer Avinyo
EL RAVAL
Carrer del Marques de Barbera
Rambla Raval
DRASSANES
La Rambla
Passeig Colom
Ronda Litoral
Av. Drassanes
Av. del Paral-lel
N
0
150 m
Kartographie: www.altancicek.de
86
47
10
77
26
07
110
43
52
87
107
25
34
51
18
95
84
16
81
27
21
108
70
14
31
92
32
44
89
48
13
55
53
83
57
76
39
74
75
19
50
102
62
64

Rüdiger Liedtke
111 Orte auf Mallorca, die man gesehen haben muss
ISBN 978-3-89705-975-7

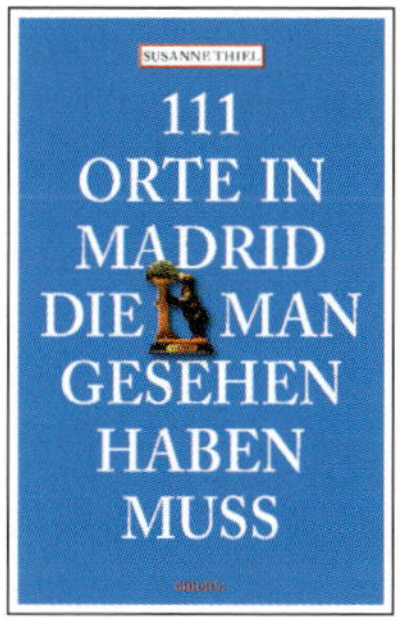

Susanne Thiel
111 Orte in Madrid, die man gesehen haben muss
ISBN 978-3-95451-118-1

Ralf Nestmeyer
111 Orte in der Provence, die man gesehen haben muss
ISBN 978-3-95451-094-8

Peter Eickhoff
111 Orte in Wien, die man gesehen haben muss
ISBN 978-3-89705-060-6

Stefan Spath
111 Orte in Salzburg, die man gesehen haben muss
ISBN 978-3-95451-114-3

Regine Zweifel
111 Orte in Paris, die man gesehen haben muss
ISBN 978-3-89705-823-1

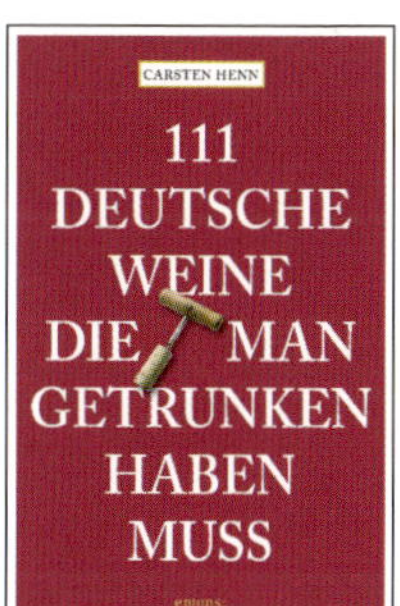

Carsten Henn
111 deutsche Weine, die man getrunken haben muss
ISBN 978-3-89705-849-1

Bernd Imgrund
111 Kölner Orte, die man gesehen haben muss
Band 1
ISBN 978-3-89705-618-3

Lucia Jay von Seldeneck, Carolin Huder, Verena Eidel
111 Orte in Berlin, die man gesehen haben muss
ISBN 978-3-89705-853-8

Peter Eickhoff
111 Düsseldorfer Orte, die man gesehen haben muss
ISBN 978-3-89705-699-2

Fabian Pasalk
111 Orte im Ruhrgebiet, die man gesehen haben muss
ISBN 978-3-89705-814-9

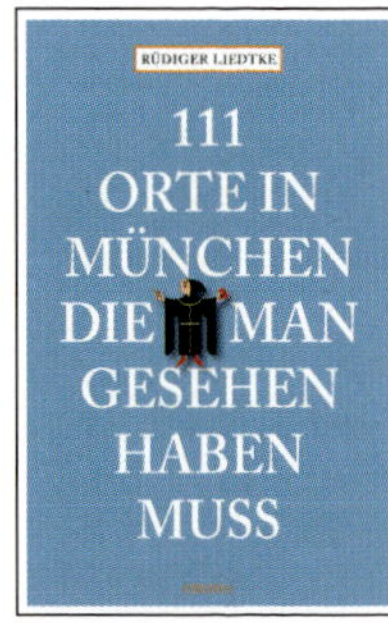

Rüdiger Liedtke
111 Orte in München, die man gesehen haben muss
ISBN 978-3-89705-892-7

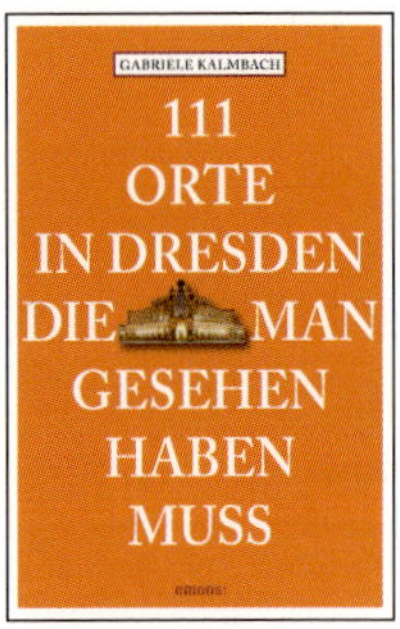

Gabriele Kalmbach
111 Orte in Dresden, die man gesehen haben muss
ISBN 978-3-89705-909-2

Oliver Schröter
111 Orte in Leipzig, die man gesehen haben muss
ISBN 978-3-89705-910-8

René Förder
111 Orte in Sachsen-Anhalt, die man gesehen haben muss
ISBN 978-3-89705-911-5

Rike Wolf
111 Orte in Hamburg, die man gesehen haben muss
ISBN 978-3-89705-916-0

Thomas Baumann
111 Orte in der Kurpfalz, die man gesehen haben muss
ISBN 978-3-89705-891-0

Lisa Graf-Riemann
und Ottmar Neuburger
111 Orte im Berchtesgadener Land, die man gesehen haben muss
ISBN 978-3-89705-961-0

Daniela Bianca Gierok
und Ralf H. Dorweiler
111 Orte im Schwarzwald, die man gesehen haben muss
ISBN 978-3-89705-950-4

Barbara Goerlich
111 Orte auf der Schwäbischen Alb, die man gesehen haben muss
ISBN 978-3-89705-948-1

Lucia Jay von Seldeneck,
Carolin Huder, Verena Eidel
111 Orte in Berlin, die Geschichte erzählen
ISBN 978-3-95451-039-9

Stefanie Jung
111 Orte in Mainz, die man gesehen haben muss
ISBN 978-3-95451-041-2

Gabriele Kalmbach
111 Orte in Stuttgart, die man gesehen haben muss
ISBN 978-3-95451-004-7

Dietmar Bruckner, Jo Seuß
111 Orte in Nürnberg, die man gesehen haben muss
ISBN 978-3-95451-042-9

Ulf Annel
111 Orte in Erfurt, die man gesehen haben muss
ISBN 978-3-95451-022-1

Oliver Schröter
111 Orte in Sachsen, die man gesehen haben muss
ISBN 978-3-95451-021-4

Reiner Vogel
111 Orte in Regensburg, die man gesehen haben muss
ISBN 978-3-95451-054-2

Der Autor

Dirk Engelhardt, 1967 in Göttingen geboren, Studium der Publizistik und Nordamerikanistik an der FU Berlin. Ab 1994 freier Journalist unter anderem für Die Zeit, Welt am Sonntag, Neue Zürcher Zeitung und die FAZ.
www.dirkengelhardt.info